Frank Ketterer / Martin Krauß

Triathlon
Geschichte, Kultur, Praxis

Frank Ketterer / Martin Krauß

Triathlon

Geschichte, Kultur, Praxis

Mit Fotos von Michael Kunst

VERLAG DIE WERKSTATT

Die Deutsche Bibliothek - CIP-Einheitsaufnahme

Ein Titeldatensatz für diese Publikation ist bei
Der Deutschen Bibliothek erhältlich

Die Reihe **abenteuer:Sport** wird herausgegeben
von Martin Hoffmann und Martin Krauß.

2001   2002   2003   3   2   1

Copyright © 2001 Verlag Die Werkstatt GmbH,
Lotzestraße 24a, D-37083 Göttingen
www.werkstatt-verlag.de
Alle Rechte vorbehalten.
Fotos: Michael Kunst; Archiv Autoren und Verlag
Zeichnungen: Ursula Güttsches
Satz und Gestaltung: Verlag Die Werkstatt
Druck und Bindung: Westermann-Druck Zwickau

ISBN 3-89533-314-X

Inhalt

6

Vorwort

Es war ein heißer Tag im Sommer des Jahres 1996, Hellriegel-Wetter, wie ich heute dazu sagen würde. Aber damals kannte ich diesen Hellriegel noch nicht, nicht persönlich zumindest, sondern lediglich aus der einen oder anderen Kurzmeldung in der Zeitung. Dieser Hellriegel, Thomas Hellriegel, war im vorigen Oktober Zweiter geworden bei diesem komischen Rennen auf Hawaii – und ich gar nicht so lange zuvor Sportredakteur beim „Badischen Tagblatt" in Baden-Baden. Das passte: dort die Geschichte, da der junge Journalist. Und so saß ich also bei bestem Hellriegel-Wetter im Auto und fuhr geradewegs in die Hubertusstraße nach Büchenau bei Bruchsal, in wohliger Erwartung, dass ich gleich einem der größten Spinner in der Welt des Sports begegnen würde. Aber es würde eine Geschichte sein, ein gute Geschichte.

Und dann saß ich bei der Familie Hellriegel im Wohnzimmer, und der vermeintliche Spinner begann zu erzählen: Dass er acht Stunden am Tag trainiere. Dass das nichts Besonderes sei, weil andere doch auch acht Stunden am Tag zur Arbeit gingen. Dass er die Hitze liebe und diesen Wettkampf. Und dass er alles dafür täte, um einmal diesen Wettkampf bei dieser Hitze, um einmal auf Hawaii zu gewinnen. Gute zwei Stunden ging das so, und je länger dieser braungebrannte Kerl mit dem kurzgeschorenen Haupthaar erzählte, umso kleiner wurde der Spinner in ihm, und umso größer der Sportler mir gegenüber. Als ich kurz darauf wieder im Auto saß, diesmal auf dem Weg zurück nach Hause, da hatte sich irgendetwas doch grundlegend verändert in meiner Einstellung zu Thomas Hellriegel, zu Triathlon – und zu Hawaii.

Vielleicht klingt das kitschig, aber genau so war es. Und letztendlich ist dieses Buch der beste Beweis dafür, dass es so war. Dieser heiße Tag im Sommer 1996 war der Tag, an dem ich anfing, mich für Triathlon zu interessieren. Für Ironman, für Hawaii, für Roth und schließlich für alles andere, was irgendwie mit Schwimmen, Radfahren und Laufen zu tun hat. Das Ergebnis daraus ist auf den folgenden Seiten zusammengefasst.

Frank Ketterer, Berlin im Juli 2001

Die Geschichte des Triathlons

Geflunkert.
Der Gründungsmythos von Hawaii

Diese eine Geschichte wird immer wieder gerne erzählt, wenn die Rede auf Triathlon kommt, und meist wird sie mit dem beinahe ehrfürchtigen Zusatz versehen, es handele sich genau dabei um die Geburt der Sportart.

Diese eine Geschichte lässt sich in etwa so erzählen: In einer Bar auf Hawaii saßen Ende der Siebziger ein paar US-Marines, schwitzten und tranken, schwitzten darob mehr und tranken noch mehr – und gerieten in all ihrer Bierseligkeit ganz allmählich in Streit: darüber nämlich, wer denn nun der beste Ausdauersportler von ihnen sei, der Schwimmer, der Radfahrer oder doch der Läufer. Lauter und immer heftiger wurde an dem kleinen Tischchen diskutiert, und als auch zu spätester Stunde keine theoretische Lösung des Problems in Sicht war, beschlossen die Soldaten um den Marine-Offizier John Collins kurzerhand, den Streit in der Praxis zu schlichten – mit einer Wette.

So verabredeten sie, den 2,4 Meilen (3,86 km) Rough Water Swim von Waikiki, das 112 Meilen (180,2 km) Around Ohahu Bike Race und den Marathonlauf von Honolulu (42,195 km) zur Entscheidungsfindung heranzuziehen. Hintereinander und an einem Stück sollten sie hierfür die jährlich auf der Insel Ohahu stattfindenden Ausdauerwettkämpfe absolvieren, was am 18. Februar des Jahres 1978 tatsächlich in die Tat umgesetzt wurde: 15

▲ Gordon Haller,
1978 Sieger des
ersten Hawaii-Tri-
athlons.

Der erste
wahre Triathlon

eiserne Männer stürzten sich am Waikiki Beach in die salzigen Fluten des Pazifiks, von denen es zwölf tatsächlich ins Ziel brachten, am schnellsten Gordon Haller, der für die 226 km langen Leiden 11 Stunden, 46 Minuten und genau 40 Sekunden benötigte.

Manchmal sind Geschichten einfach zu schön, um ganz wahr zu sein. Die Sportart Triathlon wurde an diesem 18. Februar 1978 jedenfalls keineswegs geboren, sondern bestenfalls ihre populärste Form, der Ironman, der bis heute und überall auf der Welt in seiner klassischen Distanz über 3,8 km Schwimmen, 180 km Radfahren und einem abschließenden Marathon absolviert wird.

Auf die prinzipielle Idee, Schwimmen, Radfahren und Laufen in einem Wettbewerb aneinander zu spannen, waren zuvor nämlich schon Jack Johnstone und Don Shanahan gekommen. Bereits 1973 nahm Johnstone, zu seinen Highschool-Zeiten ein passionierter Schwimmer und später durch die in den USA grassierende Jogging-Welle zum Laufen gekommen, am „Dave-Pain-Birthday"-Biathlon teil, der bereits zum zweiten Mal ausgetragen wurde und bei dem es über 4,5 Meilen Laufen und eine Viertelmeile Schwimmen ging. Dem 38-Jährigen gefiel der Wettkampf immerhin so sehr, dass er befand, es solle weitere solcher Rennen geben, möglichst mit längerer Schwimmstrecke, was ihm als ehemaligem Schwimmer gelegen kommen würde.

Also machte sich Johnstone daran, sein eigenes Rennen zu kreieren. Zunächst dachte er an einen Lauf-Schwimm-Biathlon, in dem beide Disziplinen ungefähr gleich gewichtet sein, aber nicht an einem Stück stattfinden sollten. Laufen und Schwimmen würden sich also mehrmals abwechseln, die „Fiesta Island Area of Mission Bay", wo auch der „Dave-Pain-Birthday-Biathlon" stattfand, schien ihm hierfür das perfekte Wettkampfgelände. Gesagt, getan: Johnstone arbeitete einen Wettbewerb aus und ließ diesen in den Veranstaltungskalender des San Diego Track Club setzen. Dass aus dem geplanten Zwei- schließlich ein Dreikampf wurde, lag an Don Shanahan, mit dem Johnstone eher zufällig in Kontakt kam und der ihm vorschlug, dem Schwimmen und Laufen noch einen Radteil anzuschließen. „Ich war zwar nicht gerade begeistert von der Idee, schon weil ich kein eigenes Rad besaß", erinnert sich Johnstone, „aber dann habe ich mir gesagt: Zum Teufel, lass es uns machen. Und so haben wir beschlossen, den Wettbewerb ‚Mission Bay Triathlon' zu taufen."

▲ Jack Johnstone (links) und Dave Pain 1975 – der Erfinder des Triathlon und der Mann, zu dessen Geburtstag geschwitzt wurde.

Dabei war „Triathlon" ein Begriff, der zumindest bei der Gravur der Pokale für die fünf Erstplatzierten zunächst für Verwirrung sorgte. „Der Händler rief mich an und fragte nach, wie man es buchstabiere, er könne es nicht im Wörterbuch finden", erzählt Jack Johnstone und erinnert sich, wie er auf den Anruf reagierte: „Ich dachte: Gut, wenn das Wort nicht im Wörterbuch steht, existiert es wohl nicht. Dann ist es jetzt an mir, die Schreibweise festzulegen, wobei ich natürlich keine große Wahl hatte, weil es ja schon die Begriffe Pentathlon, Heptathlon und Decathlon gab. Aber in dem Moment war es einfach ein großes Gefühl: Festlegen zu dürfen, wie man Triathlon schreibt."

In der September-1974-Ausgabe des „San Diego Track Club Newsletter" fixierten Johnstone und Shanahan dann den Rest über ihren Triathlon, was sich so las:

„*RUN, CYCLE, SWIM: TRIATHLON SET FOR 25TH*
The First Annual Mission Bay Triathlon, a race consisting of segments of running, Bicycle riding and swimming, will start at the causeway to Fiesta Island at 5:45 P.M. September 25. The event will consist of 6 miles of running (longest continuous stretch, 2.8 miles), 5 miles of Bicycle riding (all at once), and 500 yards of swimming (longest continuous stretch, 250 yards). Approximately 2 miles of running will be barefoot on grass and sand. Each participant must bring his own Bicycle. Awards will be presented to the first five finishers. For further details contact Don Shanahan (448-4571) or Jack Johnstone (461-4514)."

Insgesamt 46 Athleten meldeten sich auf diese Ausschreibung, um am 25. September 1974 um 17.45 Uhr an den Start zu gehen und über sechs Meilen zu laufen (die längste Strecke am Stück betrug 2,8 Meilen), fünf Meilen

▲ Don Shanahan als Triathlon-Organisator Ende der siebziger Jahre.

Rad zu fahren und 500 Yards zu schwimmen (hier betrug die längste Strecke am Stück 250 Yards). Alle kamen ins Ziel – der Beste, Bill Phillips, nach 55:44 Minuten, die Langsamste, Barbara Stadler, nach 1:34,51 Stunden und unter dem Strahl von Autoscheinwerfern, die als Flutlicht dienten. Sie alle waren an jenem Tag dabei, an dem die Sportart Triathlon wirklich geboren wurde.

Das gilt übrigens auch für John Collins, jenen US-Marineoffizier, der angeblich vier Jahre später in besagter Bar auf Hawaii den Streit anzettelte. Er kam beim ersten „Mission Bay Triathlon" nach 1:19,19 Stunden als 35. ins Ziel – und wusste bei seiner Sauferei Ende der Siebziger sehr wohl, dass diese neue Sportart bereits existierte.

So liegt mehr als nahe, dass die schöne Geschichte mit der Bierwette nicht ganz der Realität entspricht, was Collins, längst zu einer Ikone der Sportart aufgestiegen, gut 20 Jahre später endlich und dann gleich großmütig einräumte: 1999, am Rande der 23. Ausgabe des Ironman Hawaii (1982 fanden zwei Wettbewerbe, im Februar und im Oktober, statt) gab der ehemalige Navy-Offizier zu, dass er und seine Kameraden sich durchaus bewusst waren, was sie mit dem Wettbewerb auf Hawaii würden etablieren können: ein Ausdauerspektakel, das in der ganzen Welt bald Interesse und Nachahmer finden würde – und mittlerweile zu einem Riesengeschäft geworden ist. Wobei zwei Dinge freilich nicht außer Acht gelassen werden dürfen: Zum einen kann man John Collins durchaus als den Schöpfer des Ironman bezeichnen, der populärsten Form des Triathlons. Zum anderen war bei der Erstausgabe auf Hawaiis größter Insel, Big Island, tatsächlich Bier im Spiel: Die Brauerei Budweiser erkannte das Potenzial, das hinter der Idee steckte, auf Anhieb – und war der erste Hauptsponsor.

Kombiniere.
Vorläufer der neuen Sportart

Die Idee, verschiedenartige Sportarten aneinander zu reihen, wurde nicht erst mit dem Triathlon erfunden, sondern darf getrost den alten Griechen in die Schuhe geschoben werden. Ihr Pentathlon stellte schon in der Antike den Höhepunkt der Olympischen Spiele dar. In diesem Fünfkampfwettbewerb wurden ab 708 v. Chr. Diskuswurf, Weitsprung, Speerwurf, Laufen (ein Stadion) und Ringen kombiniert. Wer diesen Wettbewerb gewann, durfte sich, wie heute noch die Zehnkämpfer, als König der Athleten fühlen.

Auch der Bezug von Lauf- und Radsport wurde weit vor dem ersten Triathlon geknüpft: Um das Jahr 1900 waren so genannte „Mixed Meetings" in ganz Europa und also auch in Deutschland recht beliebt. Dabei handelte es sich um Radrennveranstaltungen, in deren Rahmen auch der Leichtathletik, speziell Laufwettbewerben, Platz eingeräumt wurde. Das bekannteste „Mixed Meeting" fand 1882 in Hamburg statt, wo Flachrennen, Hindernisrennen und 2.000 Meter Radrennen in einer Großveranstaltung zuammengespannt wurden.

Einen Schritt weiter gingen die Berliner Chausseerennen, bei denen es üblich war, Rad fahrende Schrittmacher, „Hasen" quasi, einzusetzen und so für ein flotteres Tempo zu sorgen.

Radfahrer als Hasen

In erster Linie gingen solche sachten Annäherungsversuche von den Radsportlern aus, die schon früh das Laufen für sich entdeckten – als zusätzliche Leibesertüchtigung und Wettkampfform. So veranstaltete der Berliner Verein für Velociped-Wettfahren bereits 1890 auf seiner Vereinsbahn einen „Wettlauf", der Spandauer Radfahrerclub „Germania" zog da 1896 mit einem „Fußwettlaufen" über 7.500 Meter prompt nach.

Von Beginn an beliebt waren Mehrkämpfe auch bei den Anhängern von „Turnvater" Friedrich Ludwig Jahn, nach dem noch heute der Jahn-Zwölfkampf benannt ist, der leichtathletische und turnerische Übungen in einem Wettkampf vereint.

Die Draisine, der als „Laufrad" patentierte Vorläufer des Fahrrades, die Baron Carl von Drais 1817 in Mannheim vorführte, fand jedoch keine Berücksichtigung in Jahns Turnkonzept. Erste Draisinenrennen fanden 1818 in Paris statt, in Deutschland wurde 1829 erstmals ein Radrennen veranstaltet. Aber mit dem deutschen Turngedanken vertrug sich das scheinbar nicht, so dass der Triathlon auf diesen Vorläufer nicht zurückgreifen kann.

Selbst Baron Pierre de Coubertin, der Begründer der Olympischen Spiele der Neuzeit, scheiterte 1908/9 mit seinem Vorhaben, im Modernen Fünfkampf, bestehend aus Reiten, Fechten, Schießen, Schwimmen und Laufen, das Schießen durch Rudern zu ersetzen – und damit dem Ausdaueraspekt einen höheren Stellenwert einzuräumen.

Dreikampf: Radfahren, Eislaufen, Fußball

Der Moderne Fünfkampf war 1912 erstmals olympisch. Solche Kombinationswettkämpfe entsprachen sehr wohl einem damaligen gesellschaftlichen Bedürfnis. Der FC Württemberg richtete etwa bereits 1901 für seine Mitglieder diesen Wettkampf aus: Nacheinander mussten die Teilnehmer zuerst Rad fahren, Eis laufen und schließlich Fußball spielen.

Sportliche Mehrfachbegabungen wurden in der Öffentlichkeit durchaus registriert und positiv wahrgenommen. So fand es die Zeitschrift „Athletik" 1913 immerhin berichtenswert, dass ein gewisser E.W. Deleiter aus Berlin – selbiger gilt als der Schöpfer der Hygieneausstellung in Dresden – nicht nur ein „vorzüglicher Geher" sei, sondern sein Laufen „ihn auch zu dem besten deutschen Langstreckenläufer gestempelt" habe. Und geradezu ehrfürchtig wird über das Übungspensum des Herrn Deleiter informiert. „Sein Training besteht aus: Schwimmen, Gewichtheben, Freiübungen, Radfahren, Boxen und Ringen. Im Sommer ist er noch ein fleißiger Ruderer."

Noch eine Stufe weiter war bereits der Berliner Paul Nettelbeck, der im Jahre 1924 ein Buch veröffentlichte, in dem er beschrieb, wie er vom Radprofi zum Laufprofi

wurde (und als solcher im Übrigen als Erster Werbung auf seinem Trikot trug), darin allerdings kritisch anmerkte, dass sich der intensive Betrieb der beiden Sportarten „gegenseitig störe".

Eine große Bandbreite an Sportarten (Leichtathletik, Schwimmen, Radfahren) wurde den Menschen in Deutschland seit 1912 auch durch das Deutsche Sportabzeichen, von Carl Diem eingeführt, nahe gebracht. Der Berliner, im Jahr 1920 einer der beiden Gründer der Deutschen Hochschule für Leibesübungen in Berlin, 1916 (ausgefallen) und 1936 Cheforganisator der Olympischen Sommerspiele in Berlin und von 1947 bis 1962 Rektor der Deutschen Sporthochschule Köln, war es auch, der Anfang der dreißiger Jahre die „Marschfähigkeit" forderte. Schon zuvor, etwa ab 1900, waren Gepäckmärsche, meist über die Distanz von 100 Kilometern, in Deutschland sehr beliebt. Eine Popularität, die im Nazi-Deutschland noch weiter gesteigert und zu einer Art Geländesport ausgebaut wurde. Dabei ging es um die Disziplinen Laufen, Schießen, Lasttragen und Werfen – der militärische Hintergrund war offensichtlich.

Eine Kombination der drei Triathlondisziplinen Laufen, Radfahren und Schwimmen gab es freilich schon in den dreißiger Jahren im Siegerland. Da richteten, wie das Laufmagazin „Spiridon" herausfand, seit 1924 verschiedene Vereine einen Staffel-Wettbewerb aus; ab 1929 be-

▲ Marathonläufer und Radler auf dem Kurfürstendamm in Berlin, 1924.

stand diese Staffel aus den drei Sportarten. Läufer trugen den jeweiligen Staffelstab über die Landstraße, nach einer Weile übergaben sie ihn an Radfahrer, die drei Kilometer an der Sieg entlang fuhren. Im Ort Kirchen-Schwelben erhielten die Schwimmer den Staffelstab und schwammen 500 Meter durch die Sieg. Anschließend mussten die Läufer noch zwei Kilometer zum Ziel nach Betzdorf rennen. Die Siegstaffel wurde noch bis in die siebziger Jahre ausgetragen, ihre besondere Mehrkampfvariante schlief aber nach 1932 ein.

Klassiker in Skandinavien

Ähnlich nahe an die Idee des Triathlons war man 1970 in Skandinavien herangerückt: „Svensk-Klassiker" wird jene Gesamtwertung genannt, die das Bestehen von vier traditionellen und beliebten Ausdauerwettbewerben zusammenfasst. Erstens: der Wasa-Lauf, der berühmte Ski-Langlauf über 89 km, der seit 1922 jährlich ausgetragen wird und längst Kultstatus besitzt. Zweitens: das in Schweden äußerst populäre Radrennen um den Vättern-See über 300 km. Drittens: der Lindigö-Loppet, ein Geländelauf über 30 km in der Nähe von Stockholm. Und viertens schließlich das Flussschwimmen von Vansbro. Ein Pendant hierzu findet sich seit 1974 mit dem Norsk-Klassiker auch in Norwegen. Hier geht es, wie beim Svensk-Klassiker freilich über das ganze Jahr verteilt, um 42 km Skilanglauf, 170 km Radfahren, 2,5 km Schwimmen und 20 km Laufen. Anders als in Schweden durften beim Norsk-Klassiker von Beginn an auch Frauen teilnehmen.

Die skandinavische „Klassiker"-Idee liegt auch dem Deutschland-Klassiker zugrunde, der in Husum ausgetragen wird und aufgrund der geografischen Lage des Nordseestädtchens ohne Skilanglauf auskommen muss. Dafür sind innerhalb einer Woche 50 km Gehen, 1,5 km Schwimmen, 150 km Radfahren und ein Marathon zu absolvieren. Für Frauen und Jugendliche werden entsprechend kürzere Distanzen angeboten. Der Klassiker in Husum fand erstmals 1976 statt – nur zwei Jahre, nachdem in San Diego der Triathlon erfunden wurde und zwei Jahre, bevor er erstmals auf Hawaii startete.

Heroes.
Die ersten Helden des Triathlons

Für die 15 Teilnehmer des Jahres 1978 wurde die Premiere des Big Race, des großen Rennens, zu einem Abenteuer ohnegleichen, weil keiner wusste oder auch nur abschätzen konnte, was ihn während der 226 km erwartete. Verpflegungsstationen auf der Strecke gab es noch nicht, meist sorgten individuell organisierte Begleitmannschaften für die Nahrung, die die Sportler zu sich nahmen. Glaubt man den Erzählungen, fiel die Verpflegung einzelner Athleten beinahe ebenso abenteuerlich aus wie der ganze Wettkampf an sich. Hartnäckig hält sich die Anekdote, nach der sich manche Teilnehmer an Imbissbuden am Wegrand mit Nahrungsmitteln versorgt oder bei Passanten nach Essbarem gefragt hätten.

Opfer einer falschen Nahrungsaufnahme soll im Übrigen John Dunbar geworden sein, der nach beachtlichen 1:00,15 Stunden als Erster aus dem Wasser stieg und auch nach dem Radfahren, das er in 7:04,00 Stunden bewältigte, noch in Führung lag, beim Marathon aber Gordon Haller an sich vorbeiziehen lassen musste. Der lief die 42 km in der klaren Tagesbestzeit von 3:30 Stunden und war am Ende über eine halbe Stunde vor Dunbar (12:20,27 Stunden) im Ziel, der seinerseits wiederum über eineinhalb Stunden Vorsprung hatte vor dem Drittplatzierten Dave Orlowski (13:59,13 Stunden).

Der erste Ironman: 11:46:40 Stunden

Der Ruf des Ironman Hawaii als Ausdauersport der etwas anderen, verrückteren Art verbreitete sich in den Folgejahren rasch. Beinahe jährlich gab es von neuen Superlativen zu berichten. Zwar gingen bei der zweiten Ausgabe, am 14. Januar 1979, wiederum „nur" 15 Teilnehmer an den Start, doch befand sich unter ihnen mit Lyn Lemaire aus Boston immerhin bereits die erste Frau, die nach 12:55,38 Stunden die Finish-Line überquerte und mit dieser Zeit Fünfte des Gesamtfeldes der wiederum zwölf Finisher wurde. Erneut auf dem zweiten Rang,

▲ Mark Allen
(links) und Dave
Scott beim Iron-
man 1989.

diesmal hinter Tom Warren, der 11:15,56 Stunden unterwegs war, kam John Dunbar ein. Gordon Haller hingegen war diesmal ziemlich genau eine Dreiviertelstunde langsamer als bei seinem Premierensieg und wurde lediglich Vierter.

Ein Jahr später trat der Ironman Hawaii in seine zweite Entwicklungsstufe. Zum einen, weil am 10. Januar 1980 über hundert, genau: 108 Teilnehmer, darunter zwei Frauen, an der Startlinie standen, zum anderen, weil ein Mann siegte, der den Wettbewerb in eine neue sportliche Dimension hob – und ihn auf Jahre hin mitprägen sollte: Dave Scott, ein 27-jähriger Schwimmcoach aus Kalifornien, machte für unmöglich Gehaltenes möglich und schraubte die Siegerzeit auf 9:24,33 Stunden, eine Verbesserung, die im Vergleich zur bisherigen Rekordmarke wie ein Quantensprung anmutete. Für Scott selbst war dieser Sieg der Beginn eines wunderbaren Weges, der ihn mit fünf weiteren Hawaii-Triumphen (1982/83/84/86/87) und drei zweiten Plätzen (1982/89/94) direkt in den obersten Olymp des Triathlons beförderte und dabei alle Schallmauern, zumindest auf Hawaii, durchbrechen ließ: 1980 knackte Scott, wie erwähnt, als Erster die Zehn-Stunden-Marke, vier Jahre später durchbrach er mit 8:54,20 Stunden als erster Teilnehmer auch die Neun-Stunden-Grenze, 1986 schließlich gelang ihm auch noch das Kunststück, als erster Triathlet auf Big Island unter Achteinhalb-Stunden zu finishen. Mit 8:28,37 Stunden brachte er es dabei auf eine sensationelle Zeit, die auch elf Jahre später noch zum Sieg gereicht hätte.

Wo strahlende Sieger geboren werden, gibt es auch immer den Schatten der Niederlage. In diesem Fall war es Scott Tinley, 1981 bereits Dritter geworden, der ganz besonders unter der Dominanz von Dave Scott litt und sich in den folgenden Jahren so manches Duell mit ihm liefern sollte – meist mit dem schlechteren Ende für sich. Dreimal (1982/83/84) wurde Tinley Zweiter hinter Scott, 1990 widerfuhr ihm gleiches Missgeschick zudem auch noch mit Mark Allen. Dass Tinley, der sich selbst als erster waschechter Triathlet sah und nicht etwa als umge-

▲ Mark Allen, fünffacher Ironman-Sieger von Hawaii.

schulter Schwimmer, Radfahrer oder Läufer, dennoch nicht ganz zur tragischen Figur von Hawaii wurde, dafür sorgten seine beiden Siege 1982 und 1985, ersterer gar mit der zusätzlichen Genugtuung verbunden, Dave Scott tatsächlich einmal auf Rang zwei verwiesen zu haben. (Wie erwähnt, wurde der Ironman 1982 zweimal ausgetragen.)

Dave Scott contra Mark Allen

Noch während dieses erste große und über Jahre hinweg rennbestimmende Duell in vollem Gange war, bahnte sich bereits das zweite, mindestens ebenso große an – und erneut war Dave Scott einer der Protagonisten. Die zweite Hauptrolle in diesem Kampf der Ironman-Giganten gehörte Mark Allen, der 1983 mit seinem dritten Rang erstmals Beachtung fand und sich in den folgenden Jahren in der Ruhmeshalle des Triathlons einen Platz gleich neben Scott sichern sollte. Zwar musste auch Allen zunächst die alte Hierarchie erleben und akzeptieren, was er mit zweiten Plätzen 1986 (vor Scott Tinley) und 1987 ausreichend und jeweils hinter Dave Scott tat.

Zwei Jahre später aber begann ein Siegeszug, den es in der Geschichte des Ironman Hawaii aller Voraussicht nach nicht mehr geben wird: Von 1989 bis 1993 gewann Allen auf Big Island fünfmal in Folge, war dabei der erste und bisher einzige Triathlet auf Hawaii, der den Marathon in 2:40,04 Stunden zu Ende bringen konnte, blieb gleich dreimal unter 8:10 Stunden (1989/92/93) und hält noch heute mit 8:07,45 Stunden die drittbeste je gefinishte Zeit; nur der Belgier Luc van Lierde, erster europäischer Sieger auf Big Island, und Thomas Hellriegel aus dem badischen Büchenau bei Bruchsal, 1997 erster deutscher Hawaii-Sieger, waren bei ihrem Rekordrennen 1996, ein Jahr nach Allens sechstem Sieg, schneller.

Why Hawaii?
Die Insel und der eiserne Mythos

Ihr härtestes Rennen bestritten Mark Allen und Dave
Scott freilich schon 1987. Nahezu zeitgleich entstiegen
„die wahrscheinlich fittesten Menschen der Erde" („New
York Times") den Fluten des Pazifiks, gemeinsam stellten
sie in der Wechselzone beim Kona Surf Ressort in der
malerischen Keauhou-Bucht ihre Räder ab und zogen
ihre Laufschuhe an. Es war ein erbitterter Kampf, den
sich die beiden Ausnahmeathleten dann auf der Marathonstrecke lieferten, und lange Zeit sah es so aus, als
könne Mark Allen bereits in diesem Jahr seinen ersten
Sieg feiern. Doch offenbar hatte er zu früh aufs Tempo
gedrückt und die Signale seines Körpers dabei ignoriert.
Die Rechnung für so etwas wird den Athleten auf Hawaii, auch wenn sie Allen heißen, gnadenlos präsentiert:
Bei Meile 22 war Scott zu Allen aufgelaufen, schon kurz
später an ihm vorbeigezogen. Auf den restlichen vier
Meilen verlor Allen, mit den Kräften total am Ende, noch
neun Minuten auf Scott, der seinen sechsten und letzten
Sieg feiern konnte. Zu den Interviews im Zielraum kam
der große Scott später auf allen Vieren gekrochen, seine
Beine trugen ihn einfach nicht mehr. Der erneut geschla-
gene Allen erschien erst gar nicht, er musste mit Kreis-
laufkollaps in das nahe Krankenhaus gebracht werden.

Dramen und Tragödien

Vorkommnisse wie diese haben den Ironman Hawaii von
Beginn an begleitet, sie gehören quasi zu seiner Grund-
ausstattung, mehr noch: Sie haben, so dramatisch sie
auch gewesen sein mögen und so zynisch das klingen
mag, einen Gutteil seines Weltruhms begründet. Seinen
Mythos, den Mythos Hawaii.

So wie der Zieleinlauf von Julie Moss, die 1982 als Erste auf die Zielgerade einbog und bereits wie die sichere
Siegerin aussah. Dann begann sie, vollkommen dehydriert, zu wanken und zu taumeln, schließlich knickten

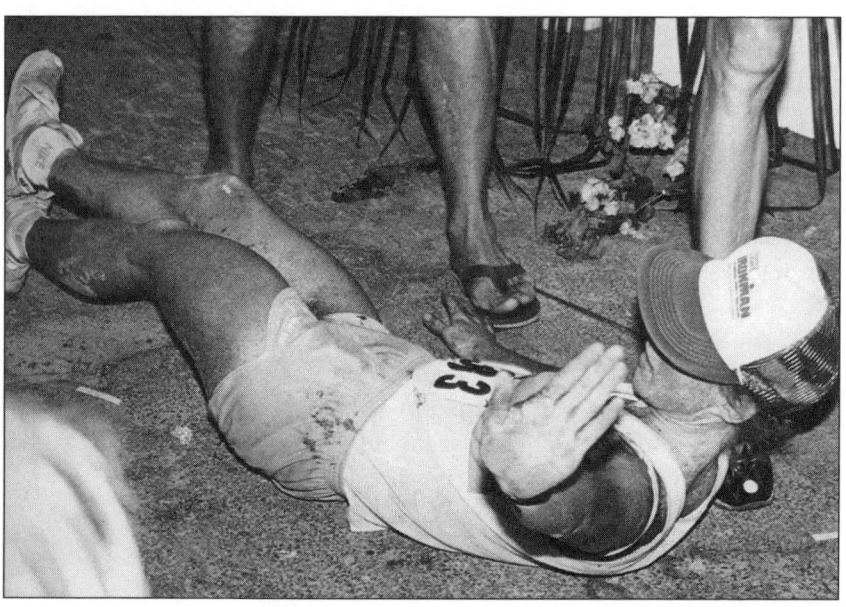

▲ Julie Moss bei ihrem Zusammenbruch im Ziel des Ironman 1982.

ihr die Beine weg. Doch Moss gab nicht auf, sie schleppte sich, mehr kriechend denn laufend, weiter Richtung Ziel, das in greifbarer Nähe vor ihr lag – und das sie doch nicht als Erste überqueren sollte. Kurz vor der Finish-Line wurde sie von Kathleen McCartney überholt, die schließlich mit 29 Sekunden Vorsprung gewann.

Von Siegerin McCartney spricht heute kaum noch jemand auf Hawaii, Julie Moss aber, mittlerweile mit Mark Allen verheiratet, ist Geschichte geworden, Kult. Und ihr Drama auf der Zielgeraden hat dem Ironman Hawaii und mithin der Langstrecke allgemein seinen vielleicht größten Popularitätsschub überhaupt versetzt: Die Übertragung des amerikanischen Fernsehsenders ABC wird im Jahr ihrer Erstausstrahlung die Sportsendung mit der höchsten Einschaltquote in den Vereinigten Staaten, die Bilder gehen um die ganze Welt. „Davor war der Triathlonsport in den Vereinigten Staaten etwa so populär wie Lama-Rennen", schrieb die „New York Times", dieses Frauenfinale aber „brachte die junge Sportart auf die Weltkarte". Die kriechende Julie Moss wird zum Synonym des Ironman, zum Sinnbild einer Sportart, die mehr

als alle anderen Sportarten vor ihr den Menschen an *„You can do it!"*
seine Grenzen zwingt – und manchmal auch darüber
hinweg. „Every finisher is a winner", heißt der Leitsatz
auf Big Island, immer noch. Jeder, der es ins Ziel schafft,
ist ein Sieger. Immer wieder bekommen die Athleten das
eingeflößt auf ihrem Weg durch die Lavawüste rund um
den Küstenort Kailua Kona: „You can do it" raunen ihnen
die rund 5.000 freiwilligen Helfer schon früh morgens,
wenn es noch dunkel ist über dem Hafenstädtchen, beim
Aufmalen der Startnummern auf die Haut zu, „You can
do it" ruft es ihnen bei jeder Verpflegungsstation entgegen. Das mag man als typisch amerikanisch empfinden,
es gilt den Athleten aber oder deswegen als Maxime: Ich
kann es schaffen. Ich kann finishen. Ich kann ein Sieger
werden. Aufgeben ist nichts, ins Ziel kommen alles. Egal
wie, egal wann. Auch dafür steht der Name Julie Moss.

Ihre Krabbeleinlage bleibt freilich kein Einzelfall. Und
oft waren und sind es gerade die großen Namen, die Eta-
blierten, die es erwischt. Das Gros der Namenlosen, die
Triathlon als Hobby betreiben, neben Job und Familie,
geht mit seinen körperlichen Energie-Ressourcen meist
sorgfältiger und bedachter um; im Fall der Fälle bringen
sie den Marathon eben gehend ins Ziel, schlimmere Aus-
fälle sind da eher selten. „Etwa 300 Sportler kommen jedes Jahr ins medizinische Zelt, fünf bis zehn gehen für einen Tag ins Krankenhaus und sind danach gesund", berichtet Warren Scott, einer der 75 Ärzte im Betreuerstab
des Ironman Hawaii.

Für die Profis aber geht es bei diesem Ausdauerspektakel auf Big Island längst um mehr – um Geld und Ruhm,
schlichtweg um den Marktwert als Triathlet. Wer auf Hawaii vorn dabei ist, der ist wer in der Welt des Dreikampfs
und ökonomisch mehr wert als der Sieger jeder anderen
Triathlon-Veranstaltung. Um das zu erreichen, sind die
Top-Athleten auch bereit, die Warnsignale ihres Körpers
zu ignorieren. So wie Chris Legh, der 1997, an vierter
Stelle liegend, keine hundert Meter vor dem Ziel zusam-
menbrach, sich noch eine kurze Strecke die Knie blutig
kroch und schließlich von Helfern aus dem Wettbewerb

▲ Ausbruch aus dem normalen Leben und einmal beim Ironman starten.

genommen wurde. Schon während des Rennens hatte Legh, damals 24 Jahre alt und als einer der jungen Geheimtipps gestartet, Nahrung nicht bei sich behalten können, weil von Durchfall geplagt. Als Folge dessen verdickte das Blut, floss vor allem in die strapazierte Beinmuskulatur – und versorgte den Verdauungstrakt nicht mehr mit genügend Sauerstoff. Ein Stück Darm starb ab, noch in der Nacht wurde es Legh in einer Notoperation entfernt. Darminfarkt heißt das in der Sprache der Mediziner. „Das hat heute noch eine Sterblichkeitsrate von 50 Prozent", sagt Reiner Caspari, Internist an der Universitätsklinik in Bonn. Bei Chris Legh ging es gerade nochmal gut. An die letzte halbe Stunde seines körperlichen Infernos erinnert sich der Triathlet ohnehin „nur noch dunkel, zum Glück". Ein Jahr später stand er wieder im kleinen Hafenbecken von Kailua Kona und wartete auf den Kanonendonner, der das Rennen freigibt. Diesmal kam Legh ins Ziel. Als Sechster. Und laufend.

Man mag das für verrückt halten, für unmenschlich, für abartig, vielleicht sogar als die Perversion des modernen Sportbetriebs, als die Triathlon jahrelang abgetan wurde. Doch ganz egal, für was man es hält, genau aus solchen Begebenheiten speist sich zu einem Gutteil die Faszination des Triathlons, des Ironman zumindest. In einem durchkalkulierbaren Leben bietet der Dreikampf den Menschen, mal mehr, mal weniger und trotz gewissenhaftester Vorbereitung, Unkalkulierbares, auf Hawaii mehr als irgendwo anders. „Die Leute wollen aus ihrem normalen Leben ausbrechen", glaubt Thomas Hellriegel, „das ist für viele wie ein Abenteuertrip." Und Hawaii ist der Ort, an dem das Abenteuer zu Hause ist, so wie Tennis in Wimbledon oder Radsport in Frankreich. „Hawaii ist der Grund von allem", sagt Hellriegel. Er selbst fing mit Triathlon an, „weil ich einmal dort starten wollte". Das eint den Sieger von 1997 mit den meisten Triathleten dieser Erde.

Dabei ist längst nicht mehr zu eruieren, wann genau der Wettbewerb den Sprung geschafft hat von einer Verrücktheit zum Mythos. Vielmehr ist der Ironman Hawaii zu einer Art Perpetuum Mobile geworden, einem Phänomen, das sich längst selbst in Bewegung hält: Triathleten aus aller Welt reisen auf die Pazifikinsel, weil sie dort den Mythos vermuten. Und der Mythos hält sich am Leben und wächst und gedeiht, eben weil die Triathleten aus aller Welt Jahr für Jahr nach Hawaii kommen, ins Heilige Land des Triathlons. Die kleine Hafenbucht, in der der Startschuss fällt, der lang gezogene Queen Kaahumanu Highway, über den ein Großteil der Strecke führt, das Energy Lab, jener eher schmale Weg hinunter zum Meer, auf dem sich so oft schon das Rennen entschieden hat, schließlich der Alii Drive, diese pechschwarze Straße hin zum Ziel – es sind die Pilgerstätten des Triathlons.

Und jeder, der einmal auf Hawaii teilgenommen hat, wird anschließend weitererzählen, wie es ihm ergangen ist an dieser Kultstätte: Wie er die salzigen Fluten des Pazifiks durchkrault hat, wie er durch die schwarze Ödnis der Lavawüste des Highways geradelt ist, die die Temperaturen der stechenden Sonne unbarmherzig speichert wie ein Hochofen, wie er dem Mumuku, dem gefürchteten Fallwind auf dem Weg nach Hawi, dem Radwendepunkt, getrotzt hat, und wie er schließlich hat leiden müssen auf dem abschließenden Marathon, der nochmals hinausführt in die Highwayhölle. Noch bevor ein Triathlet zum ersten Mal seinen Fuß auf Big Island setzt, hat er davon gehört, gelesen oder es im Fernsehen gesehen. Garantiert. Er weiß, was ihn erwartet, ziemlich genau. Und er hat sich darauf vorbereitet, akribisch, meist über Jahre hinweg.

Auch das macht Hawaii zu etwas Besonderem: Dass man sich nicht einfach so anmelden kann, wie bei den meisten anderen Ironman-Wettbewerben, sondern qualifizieren muss. 1.500 Startplätze, so genannte slots, vergeben die Organisatoren für das Big Race, nicht einen mehr. Und bereits eingerechnet sind darin die 150 Startplätze, die jährlich verlost werden und für die man sich

Hawaii: Das Ziel der Träume

▲ Bei einbrechender Dunkelheit werden den letzten Läufern leuchtende Röhrchen angehängt.

bewerben kann, wenn man Amerikaner ist. Die Masse derer, die bei einem der Qualifikationsrennen für die „Ironman World Championships" einen slot zu ergattern versuchen, wächst von Jahr zu Jahr und hat die 25.000 längst überschritten. Doch nur 1.350 von ihnen werden im nächsten Oktober im Hafenbecken von Kona stehen und dem Start entgegenfiebern.

Die auf Hawaii starten dürfen, sind also bereits gestandene Ironmen. Irgendwo auf der Welt, bei einem der Qualifikations-Wettkämpfe, haben sie die 226 Kilometer schon einmal hinter sich gebracht, die meisten mehrfach, weil es bei der heutigen Leistungsdichte kaum noch jemandem gelingt, sich schon beim ersten Mal zu qualifizieren. Sie sind vorbereitet und austrainiert, und sie hoffen alles im Griff zu haben: ihren Körper, ihr Material und die Strecke.

Davon berichten viele, fast alle Teilnehmer des Hawaii Ironman. Einige sollen zu Wort kommen.

Der Kommissar in der Lavawüste

Peter Beyer aus dem münsterländischen Ibbenbüren beim Ironman 1999 etwa. Drei Jahre hatte der Kriminalkommissar gespart, um gemeinsam mit seiner Frau um die halbe Welt zu fliegen und sich das Abenteuer Hawaii leisten zu können. Elf Stunden hatte der damals 51-Jährige eingeplant bis ins Ziel, deutlich langsamer als bei seiner Qualifikation im fränkischen Roth würde er damit sein, aber noch bei Tageslicht ankommen. Und dann ist es doch Nacht geworden über Peter Beyer, und die Helfer haben ihm leuchtende Röhrchen angehängt, damit er in der Dunkelheit der Lavawüste nicht verloren geht. Beim Marathon hatten ihm die Beine versagt, ganz plötzlich und einfach so, obwohl er doch ganz genau gewusst hatte, was auf ihn zukommt – und so gut vorbereitet war. Es hat ihm nichts geholfen, irgendetwas hat ihn da draußen auf der Strecke zermürbt, kaputt gemacht, an die Grenze getrieben. „Im Ziel kam nur noch Erleichterung auf", berichtet Beyer. „Spaß hat das keinen gemacht", fügt er an. Und dennoch hat er durchgehalten und hernach für sich befunden, dass dieser schlimme Tag doch auch ein guter für ihn war. „Was man will, das schafft man auch", sagt er.

Oder der Darmstädter Sportjournalist Michael Eder, der 1997 teilgenommen hat auf Hawaii und hinterher in der „Frankfurter Allgemeinen" das finale Szenario so beschrieb: „Wer am Ende eines langen Tages die Hualalei Road hinunterläuft, hinunterstolpert, abbiegt auf den Alii Drive, der hört die Sprecher und die Menschen im Ziel, sieht das gleißende Licht, hört die Musik. Noch 700 Meter, und plötzlich kehrt Leben in die meisten Körper zurück. Noch 500 Schritte vielleicht. Noch 200. Dann springen, hüpfen, fallen sie über die magische Linie. Die Zuschauer sind außer sich vor Begeisterung. Hier wird er spürbar, der Mythos vom Ironman. Es ist der amerikanische Traum, der ihm seine archaische Kraft verleiht. Die Hoffnung, dass es zu jedem Ziel einen Weg geben möge, sie erfüllt sich hier für einen Augenblick. ‚You made it', sagt der Helfer hinter der Ziellinie. ‚How do you feel, Ironman?'"

▲ Die Einsamkeit des Triathleten auf Hawaii.

Der Ironman scheint also bestens zu passen zur Legende des amerikanischen Traums, egal ob ihn ein Sportjournalist oder ein Kriminalkommissar erleben. Und im Rückblick scheint es beinahe so, als habe ein Teil dieser Welt nur auf die Erfindung des Triathlon, speziell des Ironman, gewartet. Als habe er extra erfunden werden müssen, um wie ein religiöses Ereignis das Heer der Gläubigen anzuziehen.

Schnell verbreitete sich die Kunde von der gewaltigen Ausdauerprüfung auf der Pazifikinsel, fast ebenso schnell stieg die Zahl derer, angelockt durch die ersten Zeitungsberichte, die sich den Ironman antun wollten. Starteten 1980 erstmals mehr als hundert Teilnehmer, waren es ein Jahr später schon 304 Männer und 22 Frauen, die sich – erstmals in dem kleinen Ort Kailua Kona, seither fester Austragungsort – ins Abenteuer stürzten. Die wachsende Beliebtheit auch außerhalb der USA führte im Jahr darauf dazu, dass das Rennen zweimal stattfand: Zum letzten Mal im Februar und zum ersten Mal im Oktober, der seither Standardtermin ist. Durch diese Verlegung sollte gewährleistet werden, dass auch Sportler aus kälteren Ländern der Erde die Chance haben, sich bestmöglichst auf den Ironman vorbereiten zu können.

Was prompt dazu führte, dass bereits 1984 die Tausender-Grenze überschritten wurde; schon ein Jahr später konnten die Organisatoren die Flut der Bewerbungen nur noch durch die Einführung erster Qualifikationswettkämpfe, allerdings nur in den USA und über deutlich kürzere Distanzen, in den Griff bekommen. Für Europäer wurde eine solche Qualifikation erst drei Jahre danach eingeführt. 1988 im fränkischen Roth fand sie erstmals statt, was prompt dazu führte, dass sich bei der 88er-Ausgabe 118 deutsche Teilnehmer im auf mittlerweile 1.275 Starter angewachsenen Feld tummelten. Drei Jahre später hatte sich diese Zahl nochmals um 100 erhöht und war dem heutigen Starter-Limit, den 1.500 Teilnehmern, also schon recht nahe.

▨ Porträt: Thomas Hellriegel
Mr. Helldrive

Kurz vor dem Zielstrich war dann doch die Zeit gekommen, einen kurzen Moment inne zu halten. Also verlangsamte Thomas Hellriegel seine Schritte, drehte sich ein letztes Mal um, schnappte sich schließlich eine deutsche Fahne – und erfüllte sich nur einen Augenblick später seinen sportlichen Lebenstraum: den Sieg beim Ironman Hawaii.

„Ich bin dreimal durch die Hölle gegangen", gab der 1971 geborene Mann aus dem badischen Büchenau bei Bruchsal später zu Protokoll – und an diesem 18. Oktober des Jahres 1997 doch endlich gelandet auf dem höchsten Treppchen im Paradies, nachdem er in den beiden Vorjahren noch abgefangen wurde nur ein paar hundert Meter vor dem Ziel und jeweils beinahe an der gleichen Stelle. Diesmal aber war er nicht der tragische Held, sondern strahlender Sieger. Endlich!

Zufall war es freilich nicht, dass ausgerechnet Hellriegel als erster Deutscher auf Big Island erfolgreich war. Keiner der deutschen Langstreckenasse stellt das Martyrium auf der Pazifikinsel so sehr in den Mittelpunkt seines Schaffens, keiner bereitet sich so akri-

◀ Thomas Hellriegel

bisch, teilweise gar verbissen vor auf Hawaii wie der Mann, den man ob seiner Stärke auf dem Fahrrad bisweilen „Helldrive" nennt. „Nirgendwo sonst kann ich meine Grenzen besser austesten", sagt Hellriegel, der die Hitze liebt und den Wind. Und die tiefe Einsamkeit beim Kampf gegen sich selbst, gegen den inneren Schweinehund. „Ich liebe das Mönchische", hat Hellriegel einmal gesagt.

Deswegen hat er ja überhaupt erst angefangen mit dem verrückten Dreikampf: Um einmal auf Big Island zu starten, um möglichst einmal zu gewinnen, mindestens. 17 war Hellriegel, als er in Fischbach seinen ersten Triathlon absolvierte, 18, als er erstmals auf der Langstrecke startete; 56. wurde er 1990 in Roth. Es sollte der für lange Zeit letzte Ironmanstart bleiben, auch weil Hellriegel den Sprung in den DTU-Kader schaffte und dort schon damals nahezu ausschließlich auf die Kurzstrecke gesetzt wurde. Doch auch auf der war Hellriegel, was heute bisweilen in Vergessenheit gerät, ein Crack: Deutscher und Militärweltmeister 1992, EM-Zweiter und Europameister mit der Mannschaft ein Jahr später, schließlich 4. bei der Mitteldistanz-EM in Slowenien 1994.

Dass trotz all dieser Erfolge auf der Olympischen Distanz die Langstrecke Hellriegels Domäne sein würde, bewies der Badener 1995: Sieger wurde er da im Frühjahr beim Ironman Lanzarote, Zweiter beim Ironman in Roth im Sommer, nochmals Zweiter schließlich und auf Anhieb im Herbst auf Hawaii, geschlagen nur von Altmeister Mark Allen – bei dessen letztem Auftritt.

Auch wenn Hellriegels Auftritte gerade bei seinem Lieblingsrennen in den Folgejahren mit Rang acht (1998), sechs (1999) und fünf (2000) nicht eben berauschend waren, zumindest nicht für seine Verhältnisse, eines kann ihm niemand mehr nehmen: einmal Hawaii gewonnen zu haben. ■

Spinner und Yuppies.
Wer macht eigentlich Ironman?

Die Frage kommt früher oder später immer, wenn von Triathlon die Rede ist: Warum tut sich ein Mensch das an? Oder, leicht variiert, wenn auch kaum origineller: Was sind es für Menschen, die sich das antun? Die Antworten sind meist flott bei der Hand – und kaum weniger stereotyp: Verrückte müssen das sein, ohne Zweifel; Spinner, die nur ihren Sport im Kopf haben und ihr Training; Masochisten vielleicht gar, die sich erst wohl fühlen in der Haut, wenn ihr Körper zu einem einzigen Schmerz geworden ist. Oder möglicherweise Frustrierte, die bloß auf der Suche sind nach einer Kompensation für ihr Versagen im wahren Leben, im Beruf und in der Familie also. Solche Leute können beim Triathlon vor ihren Problemen gleich in dreifacher Form flüchten: schwimmend, radelnd, laufend eben.

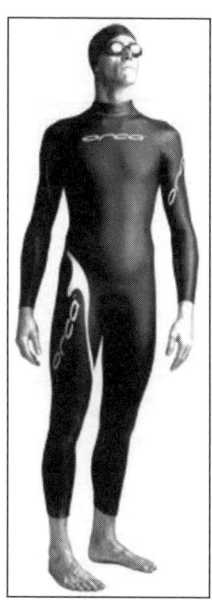

▲ Selbstbewusstsein, die Herausforderung zu bestehen

Selbstverständlich kann man es sich so einfach machen. Man kann sich mit dem Phänomen aber auch ernsthaft auseinander setzen. So zum Beispiel, wie es Jürg Schmid getan hat. Schmid ist Sportpsychologe an der ETH Zürich, Verfasser einer 1993 erstellten Studie mit dem Titel „Arbeit, Persönlichkeit, Motivation und Engagement für Ausdauersport" und hat sich mit dem Phänomen, warum es bestimmte Menschen zum Triathlon zieht, wissenschaftlich auseinander gesetzt, unter anderem durch die Befragung von 600 Triathletinnen und Triathleten. Wobei sein Fazit, gestützt auf die Umfrage, durchaus etwas überraschend ausfällt: „In ihrer Persönlichkeitsstruktur", stellte Schmid nämlich fest, „entsprechen die 600 Leute, die ich befragt habe, in ihrer Bandbreite voll der Norm. Sie sind insgesamt in keiner Art und Weise auffällig."

Das Vorurteil von den Spinnern, die im Triathlon nur ihre Eigenheiten ausleben, widerlegt Schmid auch in seinem Aufsatz „Freizeitsport als zentrale Sinn- und Iden-

▲ Unter den Triathleten überwiegt das Wohlstandsbürgertum.

titätsquelle?" Dort gibt der Sportpsychologe zudem zu bedenken, dass zu der nach wie vor weit verbreiteten „Spinner-Theorie" keineswegs passen wolle, „dass Triathleten und andere Ausdauersportler im Allgemeinen intellektuell anspruchsvolle Berufe ausüben und überdurchschnittlich häufig höhere Chargen in der Unternehmenshierarchie einnehmen". Zwar scheint die These, wonach Triathlon in erster Linie eine Freizeitbeschäftigung für Manager, Anwälte, Mediziner, Journalisten und dergleichen sei, überspitzt formuliert, ein gewisses Wohlstandsbürgertum unter der Anhängerschaft aber kann kaum geleugnet werden.

„Einst entstammte Triathlon dem Milieu der kalifornischen Beach Boys", schreibt etwa die „New York Times", „heute ist es der Inbegriff eines Yuppie-Sports." Eine Studie von Ende der neunziger Jahre zeigt an, dass das jährliche Durchschnittseinkommen der US-Triathleten bei 90.000 Dollar liegt.

Freilich ist diese Sportart auch längst kein kostengünstiges Vergnügen mehr. Ausrüstung, Trainingslager und Wettkämpfe können durchaus ins Geld gehen, was die Masse, aus der sich die Aktiven rekrutieren, von ganz alleine selektiert. Auch manchem Triathlon-Amateur genügt es nicht, im See gut zu schwimmen, auf der Straße gut zu radeln und im Wald gut zu laufen. Triathleten leisten sich Höhentrainingslager, eigene Trainer, sie fahren die modernsten Rennmaschinen, und selbstverständlich reisen sie nach Hawaii.

Die Beweggründe, warum und wozu jemand Triathlon betreibt, lassen sich, gemäß der Studie des Sportpsychologen Schmid, nicht auf ein einzelnes, allgemeingültiges Motiv reduzieren, sondern sind durch eine „Gruppe von Motiven" bedingt. „Psychisches Wohlbefinden durch den Sport", „Knüpfen von neuen sozialen Kontakten", „Förderung von Gesundheit und Fitness" sowie das „Erleben der eigenen Leistungsfähigkeit" werden von den Sportlern am häufigsten als Gründe benannt.

In seinem Aufsatz zieht Schmid zudem einen zusätzlichen Aspekt in Betracht: Religiöse, regionale, soziale oder familiäre Zugehörigkeit seien lange Zeit die gängigen Identitäts- und Sinnquellen des Menschen gewesen, die aber gerade in modernen westlichen Gesellschaften längst von Arbeit und Beruf abgelöst worden seien. „Denn wer und was man ist", schreibt Schmid, „hängt in der Regel weitgehend davon ab, was man beruflich tut." Genau dieses Argument dreht der Züricher Sportpsychologe weiter: Durch die Abnahme der Arbeitszeit und der entsprechenden Zunahme der Freizeit hätten sich die Gewichte erneut verschoben. Eine abgeleitete These hieraus: In Form der Freizeit biete sich nun ein weiterer Lebensbereich an, in dem Menschen Sinn und Identität finden. Jürg Schmid formuliert das so: „Ausgerechnet die Freizeitbeschäftigung Triathlon", schreibt er, „ist ein Handlungsfeld, das vielen Menschen Sinn vermittelt und Gelegenheit gibt, sich stets von Neuem in ihrer Identität wahrzunehmen." Vielleicht ist es ja tatsächlich so, wie der Ethnologe Claude Levi-Strauss meint: Vielleicht muss der Mensch in „gefährliche Randzonen vordringen, um aus dem ungeheuren Vorrat ungenutzter Kräfte einen Vorrat an persönlicher Macht zu schöpfen".

Der deutsche Sportsoziologe Gunter Gebauer sieht in dem Betreiben von Extremsportarten, zu denen ja Triathlon zählt, den Versuch, sich seines Körpers zu vergewissern – als letzter Ort, woraus sich menschliche Identität speisen kann.

In diese Richtung argumentieren auch die Schweizer Soziologen Hanspeter Stamm und Markus Lamprecht. „Ausdauerleistungen können zu einer Quelle von Prestige und Status werden", stellen sie fest. Zudem werde „die asketische Lebensweise und Opferbereitschaft des Langstreckenläufers zur Chiffre für Beharrlichkeit, Belastbarkeit und Durchsetzungsvermögen im Berufsleben", schreiben sie in einem Aufsatz für die Schweizer „Weltwoche". Einen Aspekt, den auch Schmid ins Feld führt. „Ausdauersport ist der Berufsarbeit nicht unähnlich", stellt er fest. Eine Parallele zwischen Arbeitswelt und Triathlon liege „beispielsweise in der Trainingsgestaltung, die mit ihrer Betonung auf Systematik und Effizienz stark

▲ Der Reiz der Opferbereitschaft.

den Gesetzen der Arbeit folgt". Eine weitere Ähnlichkeit bestehe zudem in den „vorherrschenden Idealen und Werten". Schmid: „Denkt man an die zahlreichen und langen Trainings, so zeigen sich Berührungspunkte mit der protestantischen Arbeitsethik und ihren Werten wie Fleiß und Disziplin."

Dabei legt der Schweizer Sportpsychologe Wert auf die Feststellung, es sei keineswegs zutreffend, „dass in modernen Gesellschaften die Freizeit mehr und mehr die identitätsstiftende Funktion der Berufsarbeit" übernehme. Vielmehr stellten Triathlon und andere Freizeitbeschäftigungen „gegenwärtig keine Alternativen zur Identitätsgewinnung durch die Arbeit" dar. Wenngleich Schmid bei Triathleten auch eine „homogene Untergruppe" ausgemacht hat, „die tatsächlich die Prioritäten etwas anders gesetzt hat und sich eher über die Freizeit als den Beruf definiert". Es ist zwar nicht die Mehrheit der Triathleten, aber keine zu übersehene Minderheit mehr. „Diese Personen verrichten oft Teilzeitarbeit, verzichten vielleicht auf eine berufliche Perspektive oder haben keine und setzen Energie und Ehrgeiz eben für andere Ziele ein." Das sind nicht selten sportliche Ziele. „Jene, die sich vorab über den Sport definieren, waren meist mit ihrer gegenwärtigen Arbeitssituation unzufrieden und hatten keine Zukunftsaussichten mehr, suchten also nach einem Ausweg aus einer beruflichen Sackgasse."

Dieser Gruppe, für die der Extremsport eine Sinngebung im Leben darstellt, ordnet Schmid freilich die (vermutliche) Mehrheit der Triathleten über: jene, „die in sehr anspruchsvollen Berufen mit hohem sozialen Prestige" tätig sind. „Das sind Menschen", so der Psychologe, „die nicht kompensieren, sondern genau wie im Beruf eine außerordentliche Leistung vollbringen möchten."

Geil auf Iron. Triathlon als Sucht

Es war bei der Siegerehrung des Hawaii Ironman 1999, als sich ein Gerücht unter den deutschen Topathleten und den mitgereisten Journalisten verbreitete: Andreas Niedrig aus Oer-Erkenschwick, zweimal Dritter geworden beim Europe-Ironman in Roth und am Tag zuvor in Kona immerhin auf Rang 14 eingekommen, sei früher nicht nur, wie er selbst immer erzählt hatte, ein begabter Raucher gewesen, sondern habe noch ganz andere Suchtmittel als nur Nikotin verkonsumiert. Die Rede war schnell von harten Drogen, von Kokain und Heroin – und ein gutes halbes Jahr später konnte man tatsächlich schwarz auf weiß nachlesen, was der Mann in seinem ersten Leben, dem vor dem Triathlon, so alles zu sich genommen hatte. Im Sommer 2000 brachte zunächst der ehemalige Polizeikommissar Jörg Schmitt-Kilian die Lebensgeschichte Niedrigs in Buchform auf den Markt, fast zeitgleich enthüllte der „Spiegel", dass da einer „vom Junkie zum Ironman", so auch der Buchtitel, mutiert sei. Doch während das in Zusammenarbeit mit Niedrig entstandene Buch den Weg von der Drogenhölle in den Triathlonhimmel eher heroisch aufarbeitet, riss der „Spiegel" die Frage auf, ob es sich bei Niedrig nicht einfach um einen handele, der seine Sucht auf den Extremsport verlagert habe. Eine These, die prompt durch einen vom „Spiegel" angezapften Therapiebericht der Entzugsklinik gestützt wurde: Niedrig, so hieß es dort, neige durchaus zur „Suchtverlagerung durch übermäßiges Fernsehen und durch übermäßiges Sporttreiben".

„Vom Junkie zum Ironman"

Buch wie „Spiegel"-Bericht sorgten in der Szene für heftigste Diskussionen. Das Triathlon-Völkchen mag es nicht eben, wenn man es in die Schublade der Süchtigen quetscht, was freilich schon immer vorkam, mal mehr, mal weniger. Endorphin-Junkies seien es alle, die sich die 226 Kilometer Leiden antun, süchtig nach dem Glückshormon, das der Körper dann ausstößt, wenn er Großes vollbracht hat, einen Ironman zum Beispiel. Den Vorwurf hat es immer schon gegeben – und Niedrigs Geschichte war nun eben Anlass, das Thema nochmals hochzukochen. Zumal Niedrig selbst mächtig Öl nachgoss, um das PR-Feuer für sein Buch am Lodern zu halten. „Ich glaube, dass 50 Prozent der Leute, die in Roth am Start sind, sportsüchtig sind", wird Niedrig im „Spiegel" zitiert.

„Momente großer Erfüllung" So weit möchte Jürg Schmid, der Schweizer Sportpsychologe, nicht gehen. „Ich spreche nicht von Sportsucht", sagt er, gibt gleichzeitig aber zu, dass nach einem bestandenen Triathlon „Momente großen Glücks oder großer Erfüllung" eintreten.

Auch Johannes Vogler, Leiter einer Suchtklinik im Allgäu, will im Zusammenhang mit Sport den Ausdruck Sucht lieber nicht verwenden. Zur Sucht gehöre immer noch „die Zerstörung der Persönlichkeit und ein prinzipiell tödlicher Verlauf", gibt Vogler zu bedenken, schon deshalb bevorzuge er im Hinblick auf Sport lieber den Begriff „Vermeidungsverhalten". Soll heißen: Der Sport wird von all denen missbraucht, die „bestimmte Grundbedürfnisse nicht auf gesunde Art und Weise befriedigen" können. Zu diesen Grundbedürfnissen gehörten Bindung, Selbstverantwortung, Wohlbefinden, Selbstwert und Sinnhaftigkeit. „Menschen müssen sich als Teil einer Gesellschaft begreifen können", fasst Vogler zusammen. Wenn sie das nicht könnten, entstehe Leid – und der Sport könne dazu eingesetzt werden, dieses Leid zu verdrängen: „Wenn ich ihn dazu benutze, die Begegnung mit meinem Schmerz, mit dem, was ich bin, nicht zu spüren, dann setze ich den Sport als Vermeidungsverhalten ein."

Nimmt man jedoch einen weiteren Suchtbegriff, der nicht auf den „prinzipiell tödlichen Verlauf" setzt, sondern auch Phänomene wie Esssucht, Spielsucht oder Workaholism als Krankheiten beschreibt, ist die Nähe zu der Art, wie einige den Triathlonsport betreiben, durchaus gegeben.

Karl-Heinrich Bette, Sportsoziologe an der Universität Heidelberg, der sich mit Sportlerbiografien beschäftigt hat, wird sogar noch etwas direkter, wenn er beschreibt, warum die Ausübung von Wettkampfsport auf hohem

Niveau für den Einzelnen durchaus problematisch werden kann: „Ohne es zu merken", stellt Bette fest, „geraten die Sportler zusehends in eine biografische Falle". Sportsucht, so Bette weiter, entstehe, wenn „die komplette Identität auf ein Thema hin, also auf den Sport fixiert" werde und der Sportler keine Gegenwelt mehr zum Sport habe. Der Sportler verliere schon wegen der im Verlauf der Karriere stetig wachsenden Trainings- und Leistungsanforderungen nach und nach seine soziale Basis außerhalb des Sports. „Am Ende ihrer Karriere stehen Athleten häufig vor dem sozialen Tod", stellt Bette fest.

Ohne es zu merken, sind sie abhängig geworden. Abhängig von einem bestimmten Körperbild, das eben fähig ist ein gewisses Leistungsniveau zu bringen und nur durch ein unvermindertes Training aufrecht erhalten werden kann. Abhängig aber auch vom sozialen Umfeld, in dem sie als Sportler heimisch waren. Dies treffe, so Bette weiter, heutzutage auf beinahe alle Spitzensportler zu. Zudem sei es durch das Angebot an Wettkämpfen für jedes Alter längst möglich, nahezu lebenslang den Sport „als Ersatz für stabile soziale Bindungen" zu benutzen.

▼ „Abhängig vom sozialen Umfeld, in dem sie als Sportler heimisch waren."

Aus den Bahnen. Vom Abenteuer zum durchkalkulierten Trip

„Die Leute wollen aus ihrem normalen Leben ausbrechen. Hawaii ist da wie ein Abenteuertrip", sagt Thomas Hellriegel, der Triathlon-Profi. Das hört sich schön an für den Mythos auf Big Island, aber ist es noch wahr? Ist die Teilnahme auf Hawaii wirklich noch Abenteuer, noch unabwägbare Herausforderung? Oder ist der Event nicht für viele – nicht nur die Spitzenleute – schon zum durchkalkulierten Unternehmen geworden, auf das sie sich punktgenau und bestausgestattet vorbereiten und folglich das Risiko des Scheiterns herunterdimmen auf ein Minimum? Dafür sprechen zumindest ein paar Zahlen, die vom Wettkampf 1999 zum Beispiel. 1.469 Triathleten gingen damals, am 23. Oktober, an den Start im Hafenbecken von Kona, nur 39 kamen bis zum Abend nicht ins Ziel. Der Rest aber hat es geschafft, mal mehr, mal weniger gut, aber er hat gefinisht.

Und er hat schon vor dem Rennen annähernd sicher gewusst, dass er finishen wird. Eben weil er die Distanz bei irgendeinem Qualifikationswettbewerb irgendwo auf dieser Welt schon einmal, mindestens einmal, absolviert hat, um überhaupt in Kona starten zu dürfen. Und weil er trainiert und sich darauf vorbereitet hat auf diesen Start auf Hawaii, zwei Jahre, drei Jahre lang, beinahe jeden Tag, durchschnittlich mindestens 20 Stunden in der Woche. Das hat nicht mehr viel mit Romantik, mit Abenteuer oder dem Realisieren einer bierseligen Wette zu tun, sondern es ist längst Leistungssport, Hochleistungssport, auch in den Altersklassen. Durchkalkuliert, durchtrainiert, durchgeplant – da unterscheiden sich die Amateure, die sich neben Job und Familie für Hawaii qualifizieren konnten, nur wenig von den Profis, die den Dreikampf zu ihrem Beruf gemacht haben. Schließlich geht es auch für Erstere um die Teilnahme bei den Triathlon World Championships, wie die WTC den Ironman Ha-

▲ Das geregelte Abenteuer: Kampfrichter beim Triathlon.

waii anpreist, also um die, wenn auch inoffiziell, Weltmeisterschaften.

„Bilder wie vor sieben Jahren von total entkräfteten Menschen sind heute selten", schreibt auch Gernot Braun, einer der deutschen Ironman-Pioniere, über seinen letzten Hawaii-Start im Jahr 1991. „Alle sind besser geworden", fügt er noch an. Schon bei seinem letzten Start in Roth im gleichen Jahr muss ihn das Gefühl beschlichen haben, dass sich die Szene gewandelt hat und nicht mehr die Triathlonwelt der Männer der ersten Stunde ist. „Das war nicht mehr mein Sport", erinnert sich Braun jedenfalls, „unsere Zeit, die Zeit der Sportabenteurer, der Erlebnissuchenden, die Zeit der fast einsamen Fahrten und Läufe im langen Wettkampf, die Zeit, in der Endzeiten meist nur sekundär waren, diese Zeit ist vorbei." Und durchaus ins Bild passt, dass sich Braun über die „Zirkusatmosphäre" mokiert, die er bei seinem letzten Auftritt in Roth vorfand. Ein Volksfest mit dem RTL-Moderator Harry Wijnvord, das nicht eben zu jedem der so individualistischen Ausdauersportler passen möchte.

Auch Kailua Kona auf Hawaii ist heute kein Ort mehr für Romantiker oder Abenteurer, zumindest nicht für jene, die hier mehrfach teilgenommen haben und sich also nicht mehr beeindrucken lassen von Kulisse und Mythos. Beim ersten Mal, da machen auch Berichterstatter keine Ausnahme, mag man vor dem heiligen Ort des Triathlons beinahe noch in Ehrfurcht erstarren, beim zweiten oder dritten Besuch aber legt sich das. Dann wird der Blick frei für das, was Kona mindestens genauso ist: ein Jahrmarkt, bunt, laut, schrill, ein Rummelplatz für Ausdauerfreaks aus aller Welt, eine Messe für hochtechnisierte und austrainierte Leistungssportler, die hier ihre Besten ermitteln wollen.

Kein Ort mehr für Romantiker

„Hawaii ist, abgesehen von der Hitze", bemerkte das Rennrad-Magazin „Tour" über die 99er-Ausgabe des Ironman Hawaii, „auch kein anderer Wettkampf als Roth oder Klagenfurt." Und zum unwägbaren und somit echten Abenteuer wird Hawaii bestenfalls noch für jene, die einen der 150 Losplätze zugeteilt bekommen haben und sich zum Teil wirklich erstmals über die Ironman-Distanz beweisen. Für den großen Rest dürfte es sich aber in der Tat so verhalten, wie Gernot Braun abschließend bilanziert: „War der Ironman noch zu Beginn der achtziger Jahre in den Köpfen der Mount Everest der Herausforderungen im Triathlonsport, ist er heute zwar noch immer eine große Sache, aber doch auf Mont Blanc-Niveau geschrumpft."

Die Ausdauer. Frauen im Triathlon

Es ist eng geworden an den Spitzen der Ergebnislisten, und wo früher schon mal auch Viertelstundenabstände klafften, haben sich die Unterschiede heute auf Minuten oder gar Sekunden reduziert. Als Robin Beck 1980 in 11:21,24 Stunden die dritte Hawaii-Auflage gewann, hatte sie über vier Stunden Vorsprung auf die Zweitplatzierte Eve Anderson (15:40,59 Stunden), was freilich damit zu tun hatte, dass nur zwei Frauen am Wettbewerb teilnahmen und zumindest Anderson kaum richtig vorbereitet gewesen sein dürfte. Aber auch 1989 gelang es Paula Newby-Fraser (9:00,56 Stunden) noch, mit ziemlich genau 21 Minuten Vorsprung das Ziel zu erreichen vor Sylviane Puntous, zur Zehntplatzierten Amy Aikman waren es sogar knapp 50 Minuten. Zeiten solch großer Leistungsunterschiede sind auch bei den Frauen längst vorbei. „Die Top Ten sind viel näher zusammengerückt", sagt Nicole Leder, die selbst zur Triathlon-Spitze zählt.

1998 beispielsweise gewann die Schweizerin Natascha Badmann (9:24,16 Stunden) auf Hawaii gerade mal drei Minuten vor Lori Bowden (9:27,19 Stunden) und Fernanda Keller (9:28,29 Stunden), selbst die Zehntplatzierte Wendy Ingraham (9:59,43 Stunden) hatte nicht viel mehr als eine halbe Stunde Rückstand. Auch bei den Frauen hat sich mittlerweile eine Profistruktur herausgebildet.

Den Männern auf den Fersen

Obendrein eine, die dem Leistungsniveau der Männer immer näher kommt. Die Siegerzeit von Paula Newby-Fraser aus dem Jahr 1992 (8:55 Stunden) war nur neun Prozent langsamer als die des siegenden Mannes – Mark Allen (8:09 Stunden). Eine so geringe Spanne gibt es in Ausdauersportarten mit kürzeren Distanzen nicht. Von Kraft- oder Schnelligkeitssportarten ganz zu schweigen. Ganz allgemein gilt, dass „sich die besten Frauenleistungen der durchschnittlichen Männerleistung im Trend" nähern, wie Leipziger Wissenschaftler um den Sportmediziner Georg Neumann herausgefunden haben.

Als 1978 die 15 fröhlichen GIs ihre Bierwette realisier-

ten, fehlten noch die Frauen: das Zustandekommen der Veranstaltung war eindeutig kulturell männlich geprägt. Eine Frau nahm 1979 teil, zwei Frauen sind es 1980 und im Jahr 1982 schon 22. Eine Studie aus dem Jahr 1987 besagt, dass in den USA der Frauenanteil bei Triathlon-Wettkämpfen schon bei 25 Prozent lag. Da war es in Westeuropa noch nur etwa ein Prozent. Mittlerweile – die Zahlen beziehen sich auf Deutschland – sind etwa 35 Prozent der Teilnehmer an Triathlons Frauen.

▲ Paula Newby-Fraser (rechts) bei ihrem Sieg 1996 auf Hawaii. Hinter ihr Natascha Badmann, die 1998 und 2000 gewann.

Im Triathlon hat sich also die Entwicklung, die sich in anderen Ausdauersportarten sehr langsam und nur unter großen Mühen vollzog, schneller durchgesetzt. Wie aber trainieren Frauen? Was machen sie anders als die Männer?

Grundsätzlich gar nicht so viel, behauptet Nicole Leder. Sie gewann schon einen Ironman bei den Frauen, wie ihr Lebens- und Trainingspartner Lothar Leder etliche bei den Männern. Von Aufbau und Periodisierung trainiert sie ziemlich ähnlich wie Ehemann Lothar, von Umfang und Intensität her jedoch etwas weniger. „Frauen sind eben nicht ganz so hart belastbar wie Männer", sagt sie, dem trägt sie entsprechend schon im Training Rechnung: In der Woche auf rund fünf Stunden weniger kommt sie, was freilich immer noch im Bereich von zwischen 35 bis 40 Stunden liegen kann. Wobei auch hier, ähnlich wie bei den Männern, kaum eine gültige Faustregel erstellt werden kann, die für jede Athletin gelten könnte. „Der Umfang variiert auch bei uns Frauen doch sehr stark", sagt Nicole Leder, letztendlich habe das auch mit dem Gefühl zu tun, was der eigene Körper an Belastung verträgt. Das gilt allemal und ganz besonders auch für die Menstruations-Tage bei den Frauen. Tritt der Zyklus ein, erlaubt es sich Nicole durchaus auch einmal, „die ganz harten Einheiten wegzulassen". Für weniger professionell orientierte Frauen sei es zudem bestimmt kein Schaden, wenn sie einen Tag ganz aussetzten. „Man bekommt da mit der Zeit ein Gefühl für", sagt Nicole Leder – und rät, sich auf dieses auch zu verlassen.

Von allen Sportartgruppen gehören freilich im Ausdauersport die Leistungsunterschiede zwischen Mann und Frau zu den geringsten: Der Sportmediziner Wildor Hollmann schrieb schon 1975, dass in Bezug auf die Ausdauerfähigkeit „zwischen männlichen und weiblichen Personen kaum noch Unterschiede nachweisbar" sind. Einige Sportmediziner gehen sogar davon aus, dass es nur noch eine Frage der Zeit ist, bis Frauen über die langen Lauf- oder Triathlondisziplinen die Weltbestzeiten der Männer kassiert haben. Denn: Je mehr es auf Ausdauerfähigkeit und je weniger auf Kraft- und Schnelligkeits-fähigkeit ankommt, desto mehr sind Frauen Männern gegenüber im Vorteil. Diese Erkenntnis stammt von dem deutschen Sportmediziner Ernst van Aaken, der in den sechziger Jahren den Frauenlanglauf propagierte.

Kaum Unterschiede in der Ausdauer

Frauen haben einen um etwa zehn Prozent höheren Fettanteil, der bei den Ultradistanzen eine wichtige Brennstoffreserve darstellt. Dass hier ein Vorteil liegt, wird auch von den Ärzten, die Männer im Ausdauerbereich weiter vorne sehen, nicht bestritten. Sie verweisen allerdings darauf, dass Faktoren wie Herzgröße, Blutvolumen und Hämoglobingehalt des Blutes bei Männern größer sind, und auch die Sauerstoffverwertung in den Mitochondrien größer ist.

Größer als die biologischen Unterschiede erscheinen vielen Triathletinnen jedoch die sozialen und kulturellen. „Es ist kaum einmal so, dass sich eine Frauen-Trainingsgruppe zusammenfindet, die ungefähr das gleiche Leistungsniveau hat", so Nicole Leder. Es gibt zu wenig Triathletinnen. Spitzensportlerinnen wie Leder trainieren daher, vor allem auf dem Rad, mit Männern aus ihrem Leistungsbereich. Und haben dort nicht selten mit der männlichen Eitelkeit zu kämpfen, denn schon im Training sieht mancher Mann nicht eben gerne, wenn eine Vertreterin des Geschlechts, das auch bei Triathleten noch als das „zarte" oder „schwache" gilt, ihm einfach auf und davon fährt oder läuft.

Im Wettkampf hat das freilich noch ganz andere Auswirkungen: Laut Draftingregel bleiben 15 Sekunden Zeit, um einen Konkurrenten zu überholen, was manchmal gar nicht so einfach ist, wenn der plötzlich das Tempo forciert, weil er bemerkt hat, dass es eine Frau ist, die da an ihm vorbeiziehen möchte. Diese vielen kleinen Kämpfe gegen die vielen kleinen Machos in einem Wettkampf erhöhen für die Überholende nicht nur das Risiko einer Draftingstrafe, sondern sind laut Nicole Leder „auch echt nervig. Schließlich will ich mein eigenes Tempo durchfahren."

Crazy Germans.
Triathlon in Deutschland

Die Sieger auf Hawaii kündigen sich von weitem schon an: Zuerst hört man nur das Knattern des Hubschraubers, der die Führenden begleitet, dann sieht man, wie der Pazifik unruhig wird vom Wind der Rotorblätter, und schließlich biegen die ersten Begleitfahrzeuge ein auf den pechschwarzen Alii Drive, die dem neuen Champion den Weg freibahnen durch die Tausende, die da seiner in fiebriger Erwartung harren.

Im Oktober 1997 ist es Thomas Hellriegel, der dieses finale Szenario auf den Champs Élyseés des Triathlons genießen darf. Bereits in den beiden Jahren zuvor war der Mann aus Baden Zweiter geworden, als Führender jeweils tragisch abgefangen nur kurz vor dem Ziel. Nun aber ist weit und breit kein Konkurrent zu sehen, der seinen Triumph noch gefährden könnte: Also verlangsamt Hellriegel seine Schritte, dreht sich um, ein letztes Mal, um sich seines Sieges zu vergewissern, schnappt sich eine schwarz-rot-goldene Fahne – und gewinnt schließlich als erster Deutscher den Ironman Hawaii, den bedeutendsten Triathlon der Welt. Ihm folgt Jürgen Zäck aus Valendar bei Koblenz, und dem wiederum der Darmstädter Lothar Leder.

Dieser 18. Oktober 1997 wird als wunderbarer Tag für den deutschen Triathlon in die Geschichte eingehen, zumal sich neben dem Siegertrio noch drei weitere Deutsche unter den besten 15 platzieren können. Mit einer solch geballten Ladung an Erfolg konnte im Vorfeld nun wirklich nicht gerechnet werden, ganz aus heiterem Himmel aber kam sie nun auch wieder nicht. Bereits 1996 und 1995, bei seinen ersten beiden Hawaii-Teilnahmen, hatte Hellriegel mit seinen zweiten Plätzen für mächtig viel Aufsehen auf Big Island gesorgt. Zumal auch damals schon jeweils vier weitere Deutsche in den Top-15 vertreten waren.

Den Anfang damit machte genau zehn Jahre davor und **Die deutschen** ziemlich überraschend Hannes Blaschke. 9:32,15 Stun- **Pioniere** den brauchte er ins Ziel, das er als Vierter erreichte und somit als bis dato erster Deutscher in den Top-Ten. Das zu wiederholen, brauchte es drei Jahre; erst 1988 war durch Dirk Aschmoneit in 8:54,15 Stunden wieder ein Deutscher unter den besten Zehn platziert. Dies gelang nur ein Jahr später, 1989, erstmals zwei deutschen Triath-leten: Jürgen Zäck kam gleich bei seiner Hawaii-Premiere auf Rang sieben ins Ziel, Wolfgang Dittrich wurde Zehn-ter. Vor allem der Neusser Dittrich sorgte dabei lange für jede Menge Wirbel: Mit einer Zeit von 48:13 Minuten legte er nicht nur die beste Schwimmzeit im Pazifik vor, sondern stieg auch als Erster vom Rad. Erst beim ab-schließenden Marathon wurde Dittrich nach und nach von den Favoriten überholt. Dass er auf Hawaii prinzipi-ell aber zu Großem fähig ist, hat Dittrich mit seinem fu-riosen Rennen allemal angedeutet.

In die Tat setzte das Wolfgang Dittrich in den folgen-den Jahren um, von 1991 bis 1993. Fünfter in 8:30,48 Stunden wird er 1991, Vierter in 8:23,19 Stunden 1992, schließlich schafft er ein Jahr später als erster Deutscher auch den Sprung aufs Treppchen: Nach 8:20,13 Stunden kommt er als Dritter ins Ziel. Zudem bringen es Jürgen Zäck (5.), Holger Lorenz (8.), Olaf Sabatschus (10.) und Lothar Leder (14.) unter die besten 15. Ein Ereignis, das in den nächsten Jahren Standard werden soll auf Hawaii: Drei Deutsche – Jürgen Zäck (4.), Olaf Sabatschus (5.) und Lothar Leder (6.) – platzieren sich 1994 unter den besten Zehn, bereits ein Jahr später kommen Thomas Hellriegel (2.) und Rainer Müller (3.) in die Top-Drei, nur Rekord-Champion Mark Allen kann in diesem Jahr noch einen ersten deutschen Triumph verhindern. Er zeigt sich von den Deutschen aber dennoch schwer be-eindruckt: Schlichtweg „crazy" findet er die Vorstellung der Dreikämpfer aus Germany.

Die deutschen Spitzenleistungen kommen freilich nicht zufällig zustande, sondern werden von einer breiten deutschen Ironman-Basis getragen, die Ausdruck dafür ist, welch hohe Popularität die dreigeteilte Schinderei hier zu Lande genießt. Im Jahr 1995 gehen erstmals über 200 Deutsche in Kailua Kona an den Start, eine Zahl, die sich seither nicht verringert hat und die 13 Jahre zuvor sicherlich weder von Manuel Debus noch von Detlef Kühnel vorhergesehen wurde.

Erste Deutsche auf Hawaii: Manuel Debus und Detlef Kühnel

Den beiden war es 1982 vorbehalten, als erste deutsche Triathleten auf Hawaii zu starten. Sie kamen zwar unter „ferner liefen" an, aber sie finishten, und dürfen sich beide als die Pioniere des Triathlons in Deutschland fühlen. Beide blieben dem Triathlon verbunden: Debus, ein gelernter Textilkaufmann aus Nürnberg, der als Sportler an acht Weltmeisterschaften teilnahm, als Buchautor, als Gründer des Deutschen Triathlon Verbandes (DTV) und als erfolgreicher Trainer. Detlef Kühnel, wie Debus ein Franke, ist bis heute als Veranstalter, vor allem des Ironman-Triathlons in Roth, erfolgreich.

Detlef Kühnel, der Triathlon längst zu seinem Beruf gemacht hat und als Importeur der Ironman-Idee nach Deutschland, ja nach Europa gelten darf, kann sich noch ziemlich genau daran erinnern, wie es zur ersten Hawaii-Teilnahme eines Deutschen kam: 1981 war es, dass er, der ehemalige Fußballer und Leichtathlet, erstmals von einer Veranstaltung namens Ironman erfuhr. Als „mentalen Startschuss" erlebte er, wie so viele Triathleten nach ihm, die Fernsehbilder, freilich mit nahezu unglaublicher Konsequenz: Im März des folgenden Jahres kaufte er sich ein Rennrad für 600 Mark, gelaufen war er zuvor schon, nun schwamm er zur Probe noch zweimal die 3,8-km-Distanz im nahe liegenden Main-Donau-Kanal, im Bruststil und in 1:35 Stunden. „Damals war das Limit in Hawaii noch 1:50 Stunden", erinnert sich Kühnel an seine eigenen Anfänge, „insofern genügte mir meine Zeit, ich stellte das Schwimmen ein und trainierte nur noch Laufen und Radfahren." Seitenweise Abhandlungen und Trainingstipps zum Thema Einsteigertraining gab es, wie sollte es auch, damals ohnehin nicht. „Man hat uns mehr oder weniger erklärt, dass ein intensives Training Schwim-

◄ Faszination Roth.

men/Rad/Laufen eher muskuläre Probleme als einen Erfolg zeitigen würde", sagt Kühnel. Um die Platzierung ging es dem groß gewachsenen Franken im Oktober 1982 ja auch nicht, sondern ums Durchkommen, ums reine Finishen. Und sogar zum Fotografieren fand Kühnel während des Rennens Zeit und Muße: „Ich nahm einen Fotoapparat in meiner Lenkertasche mit, weil ich die mir nach dem Wendepunkt entgegenkommenden Spitzengruppe mit Dave Scott, Mark Allen und den anderen Cracks fotografieren wollte." Am Ende kam Kühnel nach 14:47,11 Stunden als 614. und mit dem festen Vorsatz, sich das nie mehr anzutun, ins Ziel. Manuel Debus hatte das Ziel schon nach 12:39,14 Stunden und auf Platz 336 erreicht.

Ironman kommt nach Deutschland

Kühnel freilich brach seinen Vorsatz nur ein Jahr später und startete mit drei weiteren Deutschen auch 1983. Aber langsam, so erzählt der Mann aus dem Frankenland, sei ihm dabei klar geworden, „dass ich diesen Sport besser organisieren kann als ausüben". Ein Vorhaben, das er sogleich mit viel Elan in die Tat umzusetzen begann: 1984 schon gründete er die Triathlonabteilung im TSV Roth, noch im gleichen Jahr veranstaltete er den ersten Franken-Triathlon. Nur ein Jahr später war Kühnel dann auch Gründungsmitglied des Bayerischen Triathlonverbandes, der, wiederum im Jahr darauf, die Deutschen Meisterschaften ausrichtete und mit Scott Tinley, dem zweifachen Hawaii-Sieger (1982 und 1985), erstmals einen echten Crack nach Deutschland holte. Dass Kühnel, der die Events damals noch vom heimischen Wohnzimmer aus organisierte, prinzipiell auch größere Veranstaltungen auszurichten in der Lage ist, bewies er 1987 mit der Europameisterschaft, die für ihren glänzenden Ablauf allseits gelobt wurde. „Das stachelte meinen Ehrgeiz noch weiter an", erzählt Kühnel, was sich schließlich darin niederschlug, dass sich der Franke um das Prädikat „Ironman" bemühte, was 1988 zur Ausrichtung des ersten Ironman Europe führte. Zwar gab es zu jener Zeit schon die ebenfalls lizenzierten Ironman-Wettbewerbe in Neuseeland, Australien, Japan und Kanada, nahezu in

Windeseile aber sollte das Ausdauerspektakel in Roth diese Rennen bezüglich Popularität und Teilnehmerzahl überholen. Roth wurde zum weltweit größten Ironman mit dem größten Teilnehmerfeld und den größten Zuschauermassen – nur das Original auf Hawaii schlägt die Triathleten noch mehr in seinen Bann. Ab 2002 freilich nennt sich der Triathlon in Roth nicht mehr „Ironman": Der Vertrag mit dem Ironman-Veranstalter WTC wurde nicht verlängert – ein Rückschlag für die Franken.

Der Erfolg der bisherigen deutschen Ironman-Dependance im Fränkischen darf getrost als Grund dafür gewertet werden, warum Triathlon, vor allem die Langstrecke, es gerade in Deutschland (und mittlerweile auch in der Schweiz) zu einer so großen Anhängerschaft gebracht hat.

Eine Bewegung formiert sich

Erste Triathlon-Wettbewerbe gab es freilich schon davor. Ein ganzes Stück näher dran am eigentlichen Triathlon als der bereits erwähnte Klassiker in Husum, der seine vier Disziplinen (50-km-Gehen, 1.500 m Schwimmen, 150 km Radfahren und Marathon) über eine Woche verteilte, war der 1980 ins Leben gerufene „Frammersbacher Dreikampf" im Nord-Spessart, bei dem es um das „Goldene Spessarter Ausdauerherz" sowie 1.000 Meter Schwimmen, 20 Kilometer Laufen und 50 Kilometer Zeitfahren geht, freilich noch mit zeitlichen Unterbrechungen zwischen den einzelnen Disziplinen.

Zwei Jahre später, 1982 also, fanden dann die ersten richtigen Triathlons in der Bundesrepublik statt, bestehend aus Schwimmen, Radfahren und Laufen an einem Stück also, wenn auch über unterschiedliche Distanzen. Der allererste soll am 25. April im Essener Grugabad über die Bühne gegangen sein und aus 1 Kilometer Schwimmen, 70 Kilometer Radfahren und 10 Kilometer Laufen bestanden haben. Bereits weitere zwölf Monate danach gab es bundesweit schon über 20 Wettbewerbe, 1984 war die Zahl auf rund 50 Events gestiegen, bei denen sich rund 10.000 Teilnehmer in dieser noch jungen und unbekannten Sportart versuchten.

Es deutete sich an, dass mit dieser Extremsportart, die sich aus den klassischen Ausdauerdisziplinen zusammensetzte, im Deutschland der achtziger und neunziger Jahre ein großes Bedürfnis befriedigt wurde. „Wir haben genau den Trend getroffen", erinnert sich Detlef Kühnel.

Nicht zufällig ist 1983 auch das Jahr, in dem sich in Nürnberg der Deutsche Triathlon Verband (DTV) gründete, der sich dem Spitzensport verbunden fühlte, sowie der breitensportorientierte Deutsche Triathlonbund (DTrB). Beim DTV waren Manuel Debus, German Altenried und Thilo Gabler die Aktivisten, beim DTrB, der in Koblenz gegründet wurde, war es Günther Kissler. Beide Gründungen gingen mit dem immer lauter werdenden Ruf nach einigermaßen verbindlichen Regeln einher. Die neue Sportart institutionalisierte sich.

Gernot Braun, ebenfalls ein Pionier jener Tage und 1984 erstmals Hawaii-Finisher, erinnert sich in seinem 1999 herausgegebenen und selbst verlegten Büchlein „Borderline – An der Grenze" an diese Anfangsjahre: „Im Argen", erinnert sich Braun dort, „lag auch die Wettkampfordnung. Triathlons mit 200 m Schwimmen, 120 km Radfahren und 12 km Laufen wurden angeboten. Die Relationen stimmten nicht." Er selbst, erster Pressewart des neu gegründeten DTV, war es, der solche Veranstaltungen als „Radfahren mit vorhergehendem Nassmachen und Auslaufen" umschrieb.

Dies zu ändern, war vor allem Ziel des DTV; der DTrB hingegen ließ ein Streben nach einem allgemein gültigen Regelwerk weit weniger erkennen. Obwohl die beiden autonomen Verbände durchaus in Konkurrenz zueinander standen, kam es am 23. Februar 1985 zur Vereinigung, zur Fusion. Fortan gab es in Deutschland nur noch einen Triathlon-Verband: die Deutsche Triathlon Union, kurz: DTU. Deren oberstes Ziel war zunächst die Aufnahme in den Deutschen Sport Bund (DSB), schon um „finanzielle Unterstützungen aus öffentlichen Kassen zu erhalten", so Gernot Braun. Ein Vorhaben, das zwei Jahre nach der Fusion gelang.

Vorausgegangen waren schwierige Gespräche mit den

Gralshütern der klassischen Ausdauersportarten, dem Deutschen Schwimmverband (DSV), dem Bund Deutscher Radfahrer (BDR) und dem Deutschen Leichtathletikverband (DLV). Die Verhandlungen waren problematisch, schließlich war den Funktionären der großen und traditionellen Verbände gar nicht klar, dass die DTU wirklich eine eigenständige Sportart repräsentierte. Das ging freilich nicht nur diesen Funktionären so.

▲ 1984 gegründet, heute ein Spitzenverband mit Olympiazugang: die Deutsche Triathlon Union.

Gernot Braun erzählt in seinem Buch: „Als ich 1984 den Ressortchef für Sport einer großen süddeutschen Regionalzeitung bat, doch bitte auch einmal von regionalen Triathlons, es waren ja die allerersten, zu berichten, erhielt ich die Antwort: ‚Dann müssten wir ja auch vom Eierlaufen und Sackhüpfen berichten.‘"

Aber solche Ignoranz konnte sich nicht mehr lange halten. 1984 gründete sich der europäische Verband, die ETU, und dies, so Detlef Kühnel, geschah vor allem aufgrund der deutschen Vorreiter-Rolle. Die DTU war nämlich eine der „funktionellsten Triathlon-Organisationen auf europäischer Ebene".

Trotzdem gab es auch einige Rückschläge für die DTU. 1996 fielen die deutschen Triathleten, die von der DTU gefördert wurden und sich für Olympia in Sydney qualifizieren sollten, nach schlechter Kurz-WM international in die Zweitklassigkeit zurück, national bedeutete das lediglich die dritte Förderklasse. 1999 mussten ausgerechnet die auf ihr Organisationstalent so stolzen Deutschen die für München vorgesehene Triathlon-WM zurückgeben, sie wurde abgesagt.

Der Popularität des Triathlon-Sports tat dies freilich keinen Abbruch: Mittlerweile sind in der DTU über 30.000 Sportler organisiert. Nicht wenige Aktive, gerade im Hobby- und Freizeitbereich, treiben ihren Sport abseits des Verbandes und freuen sich, dass ihnen dazu immer wieder verschiedene Wettkämpfe auf der ganzen Welt angeboten werden.

Einen Aufschwung erlebte der deutsche Triathlon-Sport auch durch die Olympischen Spiele 2000 in Sydney. Der in Halle/Saale lebende Reutlinger Stephan

Vuckovic gewann überraschend Silber und vollführte einen telegenen Tanz auf der Zielgeraden. Dass Olympia, auch wenn es nur über die Kurz-Distanz geht, der Verwertung von Triathlon und seinen Stars gut tut, hatte sich schon vorher abgezeichnet – auch wenn in Sydney von den berühmten Langstecklern keiner selbst am Start war. Neben den Spitzenathleten finden sich mittlerweile auch andere Symbolträger für den Triathlonsport – fast so wie für die Joggerszene Bundesaußenminister Joschka Fischer. Für diese Form der Popularität vor allem des nicht-olympischen, ja, im Grunde auch des nicht im Verband organisierten Triathlons sorgt der Extremsportler Joey Kelly, im Hauptberuf Sänger und Manager der von Teenagern verehrten Band „Kelly Family". Seit 1996 hat er sich nicht nur dem Triathlon, sondern auch dem Marathonlauf sowie den Ultradistanzen verschrieben. Unter anderem nahm er auf Hawaii und in Marokko am Ultraman teil, und in einem Jahr absolvierte er gar acht Ironman-Wettbewerbe. „Im Wettkampf komme ich beim Laufen eher in einen Dauerzustand der Meditation, stelle mir positive Bilder vor", begründete er in einem Interview mit der „Frankfurter Rundschau" seine Vorliebe auf eine Weise, die eher ohne den Wettkampfgedanken auskommt. Beim Berlin-Marathon im Jahr 2000 kam Joey Kelly fast zeitgleich mit Joschka Fischer ins Ziel.

Ironman Europe in Roth

Nirgendwo sonst in Deutschland, ja auf der ganzen Welt, ist Triathlon jedoch so sehr auch Volksfest wie in Roth. Schon morgens um sieben, kurz vor dem Startdonner, drängen sich mehrere zehntausend Zuschauer an der Schwimmstrecke, dem Main-Donau-Kanal. Später, am „Solarer Berg" oder der „Biermeile", feuern sie die Athleten auf ihren Fahrrädern an, am Nachmittag bis in den späten Abend hinein dann feiern sie die Finisher, jeden einzeln, bei ihren letzten Metern hin zum Ziel auf dem Festplatz. Ein Zufallsprodukt ist die Ausnahmestellung Roths unter den Triathlonveranstaltungen freilich nicht. „Als ich den Ironman-Lizenzvertrag abschloss", erzählt Detlef Kühnel, „wollte ich möglichst der Oberorganisator

in Deutschland in Sachen Triathlon werden." Das ist ihm gelungen, weshalb er auch nach der Trennung von der WTC und dem Verlust des Markennamens Ironman davon überzeugt ist, Roth weiterhin als bedeutende Großveranstaltung zu etablieren. Die Franken wollen sich ab 2002 als eigenständige Marke präsentieren und dabei „auf den eigenen Mythos" bauen.

▲ Beim Triathlon in Roth.

Eine der Grundvoraussetzungen für die flugs wachsende Popularität des Ironman Europe war, neben einer reibungslosen Organisation, sicherlich die schnelle Strecke, die durch Rekorde und Bestmarken immer wieder den Blick der Triathlonwelt auf den Wettbewerb in Roth zog. Schon bei der Premiere 1988 sorgte der Niederländer Axel Koenders für einen Paukenschlag und verbesserte die Weltbestzeit um satte 14 Minuten auf 8:13,11 Stunden; in schöner Regelmäßigkeit wurde diese auch

weiterhin im Frankenland nach unten geschraubt. So war es 1996 dem Darmstädter Lothar Leder vergönnt, als erster Mensch überhaupt die Ironman-Distanz unter der Acht-Stunden-Marke zu finishen (7:57,02 Stunden), ein Jahr später, pünktlich zur zehnten Roth-Ausgabe, schraubte der Belgier Luc van Lierde die Bestmarke auf geradezu unglaubliche 7:50,27 Stunden – und das in einem Rennen, in dem mit Jürgen Zäck (7:51,42 Stunden), Lothar Leder (7:56,39 Stunden) und Thomas Hellriegel (7:57,21 Stunden) drei weitere Athleten unter der Acht-Stunden-Schallmauer blieben.

Das wirtschaftliche Potenzial, das hinter dem Ironman steckt, blieb Kühnel, zu jener Zeit noch Niederlassungsleiter einer großen Bauträgergesellschaft, von Anfang an nicht verborgen. „Nach dem riesigen Erfolg der Erstveranstaltung ahnte ich die Möglichkeiten, die sich hinter dem Prädikat ‚Ironman' verbergen", erinnert sich Kühnel. Schon ein Jahr später gründete er die „Freizeit & Sport Promotion GmbH", um per eigener Agentur den Ironman Europe professionell vermarkten zu können. Mit Erfolg, wie die nächsten Jahre zeigen sollten: Bereits 1991 gab Kühnel seinen bisherigen Beruf auf und widmete sich ganz seiner Agentur. Durch diesen Schritt wiederum erreichte er aufgrund einer intensiveren Sponsorenakquise innerhalb von zwei Jahren eine Erhöhung der Sponsorenzuschüsse um rund 170 Prozent.

2001 war der Ironman Europe, der seit einigen Jahren den Name Quelle-Ironman trägt, längst ein durch und durch Gewinn bringendes Wirtschaftsunternehmen, von dem nicht nur Detlef Kühnel lebt. Auch der ganze Landkreis Roth partizipiert davon, schließlich ist der Name des Ortes mit knapp über 20.000 Einwohnern, in dem vornehmlich in Nürnberg arbeitende Pendler wohnen, durch die neue Sportart in der ganzen Welt bekannt gemacht worden. Mit Roth verbindet sich europäischer Triathlon, wie sich mit Ratzeburg Rudern oder mit Schalke Fußball verbindet.

■ Porträt: Jürgen Zäck
Der Alte

Es hat sich viel verändert im Triathlon im Laufe der Zeit. Schneller ist der Wettkampf geworden, keine Frage, und bunter und schriller und damit auch ein bisschen abgezockter – oder, wenn man's positiver sagen möchte: professioneller. Längst ist es die zweite oder gar schon dritte Generation, die sich mittlerweile diesem verrückten Dreikampf widmet, so viele hat man kommen sehen in all diesen Jahren, und so viele auch wieder gehen. Und manchmal kommt es einem so vor, als habe es bei all diesem Wandel nur eine wirkliche Konstante gegeben: Als sei Jürgen Zäck, 1965 geboren, schon immer dabei gewesen.

Ganz so falsch ist das ja auch nicht, wie leicht belegt wird, wenn man ein bisschen in der Geschichte blättert – und zum Beispiel das Jahr 1989 aufschlägt. Es war der erste Sieg von Mark Allen über Dave Scott, und in diesem legendären Rennen mit dabei war eben auch der Bub aus Vallendar bei Koblenz, Siebter wurde Zäck damals, nur einen Rang hinter Scott Tinley, einer weiteren Legende. Man muss das erwähnen, um wirklich einordnen zu können, was es heißt, dass Jürgen Zäck immer noch mitmischt an vorderster Linie und immer noch Weltklasse ist nach all den Jahren, obwohl sich so viel verändert hat, auch beim Training und in der Technik.

Zäck hat diesen Wandel mitgemacht, scheinbar mühelos. Hat immer wieder sein Training überarbeitet, seine Ernährung den neuesten Erkenntnissen angepasst, seinen Laufstil umgekrempelt, um konkurrenzfähig sein zu können. Schon oft hat man ihn totgesagt, immer wieder kam er zurück, nicht selten mit einem Paukenschlag. So wie 1997, als er beim Jahrtausendrennen von Roth dagegenhielt, als die Leders, Hellriegels und van Lierdes auf und davon stürmten – und in eine neue Dimension. Zäck ist einfach mitgestürmt, hat auf dem Rad, seiner Paradedisziplin, ge-

▶ Jürgen Zäck

meinsam mit Hellriegel alles in Grund und Boden gefahren, und hat dann noch eine persönliche Bestzeit
beim Laufen (2:47,15 Stunden) draufgesetzt, um am
Ende in der Fabelzeit von 7:51,42 Stunden Zweiter
hinter dem Belgier van Lierde zu werden. Und weil
Totgesagte bekanntlich länger leben, kam er im Oktober des gleichen Jahres dann auch auf Hawaii auf
Rang zwei, seine beste Platzierung, und holte in den
beiden Folgejahren jeweils in Roth, seinem Lieblingsrennen, seine Titel vier und fünf.

Man muss schon aus ganz besonderem Holz ge-
schnitzt sein, um all die Jahre all die Plagerei auf sich
zu nehmen. Und man muss Triathlon schon ganz besonders lieben, um sich im gesegneten Sportleralter
von 34 Jahren selbst von einem Bandscheibenvorfall,
wie 1999 geschehen, nicht aus der Bahn werfen zu
lassen. Andere würden, zumal nach einer so langen
und erfolgreichen Karriere, den Triathlon beenden,
Zäck fühlte sich eher herausgefordert. „Ich spüre,
dass noch ein paar ganz große Siege in mir stecken",
gab er – noch humpelnd – bekannt.

M mit i-Punkt.
Triathlon als Geschäft

Die Idee, das große M mit dem i-Punkt, das Markenzeichen des Ironman, Gewinn bringend zu vermarkten, war von Anfang an vorhanden. Die Brauerei Budweiser saß in den ersten Jahren als großer Sponsor mit im Boot, zudem wurde der Event vom „Nautilus Fitness Center of Honolulu" von Valerie Silk, der späteren Renn-Direktorin, gesponsert. Der ganz große wirtschaftliche Durchbruch freilich wollte in den USA, trotz der wachsenden Beliebtheit des Ironman, nicht kommen. So dauerte es über ein Jahrzehnt, ehe das ganze Marketing-Potenzial dieser Triathlon-Veranstaltung erkannt und schließlich auch ausgeschöpft wurde.

Der Augenarzt James Gills war es, der die finanziell vor dem Aus stehende World Triathlon Corporation (WTC) im Jahr 1989 aufkaufte und zu dem machte, was sie heute ist: ein Huhn, das goldene Eier legt. Als erstes löste Gills den Vertrag mit dem damaligen Hauptsponsor Gatorade, womit der Weg frei war, um das Rennen und seinen Namen selbst vermarkten zu können. Das Geschäft mit den Ironman-Lizenzen konnte beginnen.

Und wie es begann: Timex, der größte amerikanische Uhrenhersteller, kreierte eigens eine Ironman-Uhr, die mit annähernd 500.000 verkauften Einheiten zur weltweit meistverkauften Uhr wurde. „Foster Grant", ein amerikanischer Brillenhersteller, nannte seine neue Kollektion schlicht „Ironman" und setzte damit einen Verkaufsschlager. Auch der Sportsocken-Hersteller „Wigwam Mills" verdreifachte dank des Ironman-Namenszugs seinen Umsatz. Doch das war nur der Anfang der Vermarktungswelle. Mittlerweile prangt auf nahezu jeder Produktpalette, die unmittelbar mit Schwimmen, Radfahren oder Laufen zu tun hat, das Ironman-Logo. Im Jahr 1999, so rechnete es das „Handelsblatt" nach, wurde mit den Ironman-Produkten ein Umsatz von 300

Auf Uhren,
Brillen, Socken…

Millionen Dollar erzielt, zwischen sechs und acht Prozent davon seien allein an Tantiemen an die WTC geflossen. Das Image des Ironman passt ganz offenbar hervorragend in die Philosophie vieler Firmen: jung, dynamisch, ausdauernd und erfolgreich. Ein bisschen ist es auch die Philosophie der neuen Gründerwelle, der Startups und Garagenfirmen: Spaß an der mitunter quälenden Ausdauer zu haben, die es braucht, das selbstgesteckte Ziel zu erreichen.

85 Prozent der Einnahmen wurden in den USA verbucht, ein Umstand, den Ken Strominger von der WTC liebend gerne ändern würde. „Wir haben in Nordamerika eine gesunde Plattform errichtet, nun geht es darum, diesen wirtschaftlichen Erfolg auf dem alten Kontinent zu kopieren", verriet er dem „Handelsblatt". Vor allem erhofft sich die WTC, dadurch potenziellen Großsponsoren deutlich machen zu können, dass das Ironman-Logo längst ein weltumspannendes Gütezeichen ist. Strominger: „Ich würde nur allzu gerne einen Ironman-Mercedes fahren."

So weit ist es noch nicht, das Geschäft brummt hierzulande dennoch – und wiederum war Detlef Kühnel einer der Vorreiter. Neben dem Ironman Europe in Roth, Kühnels bisherigem Standbein, organisierte der Franke mit seiner Agentur weitere Veranstaltungen, unter anderem von 1992 bis 2000 den Powerman-Duathlon im mittelfränkischen Spalt.

Vor allem aber der Wettbewerb in Roth wuchs und gedieh, vielleicht etwas zu sehr gar: 1999, die Teilnehmerzahl hatte die 2.500 längst überschritten und jährlich mussten Tausende an Startbewerbungen negativ beschieden werden, versuchte Kühnel, die Qualifikation für die Qualifikation einzuführen. Sein Plan sah vor, dass die Sportler sich auf ausgewählten und von Kühnel ausgerichteten Wettkämpfen, zum Beispiel beim Duathlon in Spalt, erst für einen Startplatz in Roth qualifizieren müssen, um sich dann dort wiederum für Hawaii qualifizieren zu können. Das war denn ganz offenbar doch etwas zu viel des Guten und sorgte in der Szene mächtig für

Unmut. Ein Jahr später nur hatte Kühnel seinen Plan reumütig wieder verworfen. Und ab 2002, nach dem Bruch mit der WTC, ist Roth auch keine Hawaii-Qualifikation mehr.

Seinem großen Spektakel, quasi einem fränkischen Hawaii, schadet das vermutlich nicht. Traditionell lässt er es von „Der-Preis-ist-heiß"-Anpreiser Harry Wijnvoord kommentieren, was dem Volksfestcharakter entgegenkommt. Und zur zehnten Ausgabe des Ironman Europe in Roth im Jahr 1997 lobte Kühnel für eine Weltbestzeit die bis dahin unerreichte und undenkbare Summe von 100.000 Dollar aus. Sie musste ausgezahlt werden – an den Belgier Luc van Lierde. Gleich vier Triathleten blieben unter der magischen Acht-Stunden-Grenze, schließlich hat Roth den Ruf einer Hochgeschwindigkeitsstrecke: Im Main-Donau-Kanal, wo geschwommen wird, fehlen ungünstige Wellen und Strömungen, wie sie in Meeren auftreten. Die Radstrecke ist technisch anspruchsvoll, aber sie gehört nicht zu den schwersten der Welt, und die Laufstrecke ist frei von Hügeln und Bergen.

Auch andere ehemalige Hawaii-Finisher der ersten Jahre haben Triathlon, mal mehr, mal weniger direkt, zu ihrem Beruf gemacht. So wurde unter anderem aus dem Hawaii-Vierten Hannes Blaschke der Reiseveranstalter für „Hannes Hawaii Tours", der Komplettreisen zu beinahe allen Ironmans dieser Erde anbietet. Ein Feld, das er aber selbst in Deutschland nicht mehr alleine bestellt, weil auch der „Hawaii Holyday Service", von dem geschäftstüchtigen Kurt Denk aus Maintal bei Frankfurt geführt, längst ebensolche Reisen anbietet. Der Markt freilich ist nicht unbegrenzt, entsprechend hart rivalisieren die Konkurrenten. Und aus Freunden und Geschäftspartnern sind dadurch manchmal Gegner geworden.

„Wie es halt immer so ist", verklausuliert dies Detlef Kühnel, „wenn durch Athleten, Vereine, Veranstalter, Sponsoren, Medien, Zuschauer und Verbände die Ansprüche sowie Erwartungen höher und höher gesteckt werden, insbesondere wenn damit finanzielle Forderun-

Reisen zu den Ironmans dieser Erde

gen verknüpft sind, dann wird der aus einem Wir-Gefühl entstandene Geist der Gemeinschaft manchmal überstrapaziert und es entstehen atmosphärische Störungen."

Zudem gibt es mittlerweile ein geradezu ausuferndes Angebot an professionell organisierten Trainingslagern, die von Trainingsbetreuung über Leistungsdiagnostik bis hin zur Ernährungsberatung so ziemlich alles anbieten, was den Triathleten schneller machen könnte.

Der Verband, die DTU, wollte dem privaten Boom der Veranstalter auch etwas entgegenhalten und verfolgte zwei Ziele: Triathlon sollte olympisch werden (was 2000 gelang), womit die federführende Zuständigkeit des Weltverbandes International Triathlon Union für die weitere Entwicklung der Sportart sichergestellt wäre. Und, zum zweiten, rief die DTU Mitte der Neunziger die Bundesliga ins Leben: Sie ist eingebettet in drei Veranstaltungen der laufenden Triathlon-Saison. Ihr Sinn bestand darin, dass – so Michael Fieberg vom Westdeutschen Triathlonverband – „unsere Stars ähnlich wie beim Vorbild Deutscher Fußball-Bund alle Stufen bis hin zur Bundesliga durchlaufen". Ein weiterer Effekt stellte sich auch bald ein. Einige Triathlon-Clubs, wie etwa der Regionalligist Starlight Team Essen, boten Spitzensportler aus anderen Disziplinen auf, die auch mal in den Triathlon reinschnuppern wollten. Bei Essen startete etwa der Lagen- und Delfinschwimmer Christian Keller.

Rangeln um die Spitzensportler

Die Professionalisierung des Triathlons betrifft selbstredend nicht nur das Umfeld, und schon gar nicht (nur) den Verband DTU, sondern vor allem auch die Sportler selbst. In den neunziger Jahren entstand eine vergleichsweise breite Profigeneration. Schon ab 1991 gründete sich das „Ironman Pro Team", getragen von den Topathleten Dirk Aschmoneit, Wolfgang Dittrich und Jürgen Zäck. Das Ironman Pro Team war eine Antwort auf ein Vorpreschen der DTU, wonach die Sponsoren der Sportler an den Verband 3.000 bis 5.000 Mark monatlich abführen sollten.

1996, als klar war, dass der Kurz-Triathlon im Jahr 2000 in Sydney zum olympischen Programm gehören

▲ Auch das Zielband ist gesponsert...

würde, unternahm die DTU einen erneuten Vorstoß, die Spitzensportler an sich zu binden – und von ihren Erfolgen zu partizipieren. Die DTU präsentierte ihren besten Athleten den Entwurf einer Athletenvereinbarung: Wenn die Spitzenleute auf solche Wettkämpfe verzichteten, die die Vorbereitung auf Nationalmannschaftswettkämpfe störten, erhielten sie eine Art Rundumversorgung. Sie bestünde aus Trainingslagern, dreimal jährlicher Leistungsdiagnostik und der Kostenübernahme für Reisen zu Weltcups plus 10.000 Mark Jahresprämie.

Doch auch dieser DTU-Vorstoß blieb weitgehend erfolglos. Die Mehrheit der Aktiven hielt es für ein wenig lukratives Angebot, ihre Vermarktungsrechte zu verkaufen.

Da sich die Macht der DTU ohnehin nur noch auf die olympisch gewordene Kurzstrecke bezog, verpuffte dieser Vorstoß bei den Spitzenverdienern wie Lothar Leder, Jürgen Zäck oder Thomas Hellriegel.

.............Triathlon heute

Kurz oder Lang.
Eine Sportart in der Sportart

Die Entscheidung fiel 1994, und wie immer, wenn die Alt-Herren-Riege des Internationalen Olympischen Komitees (IOC) es für wert befand, einer neuen Sportart den olympischen Ritterschlag zu verleihen, herrschte in den entsprechenden Verbänden eitel Sonnenschein.

Da machte Triathlon keine Ausnahme, wenngleich es auch an Skeptikern von Anfang an nicht fehlte. Was schlichtweg damit zu tun hatte, dass jener Triathlon, der olympisch werden sollte, von den Distanzen her doch deutlich zusammengestutzt wurde, schon um ins olympische Programm zu passen. Für einen Acht-Stunden-Wettkampf ist bei Olympia schlichtweg keine Zeit, schließlich muss dem Fernsehen ein Event zur Übertragung geboten werden mit Tempo und Dynamik, hineingepackt in nicht mehr als zwei Stunden, länger könne sich der Zuseher zu Hause im Sofa ohnehin nicht konzentrieren, dann schalte er ab – oder, noch schlimmer, um. So wurde argumentiert.

Das kann natürlich keiner wollen, am wenigsten das IOC und seine Olympiasponsoren. Also zwei Stunden und – siehe da – genau so lange dauert denn auch ein Wettkampf über die olympische Distanz. Im Vergleich zur Ironman-Distanz ist das ein Klacks – aber ist der Kurztriathlon deswegen wirklich schlechter oder weniger anspruchsvoll?

Darüber ist in der Szene der Dreikämpfer viel und heftig diskutiert worden – und wird es immer noch. Letztlich ist es beinahe eine Glaubensfrage: Langstrecke oder Kurzstrecke, Hawaii oder Olympia. Um 3,8 km Schwimmen, 180 km Radfahren und 42,195 km Laufen geht es auf Hawaii, um lächerlich anmutende 1,5 km Schwimmen, 40 km Radfahren und 10 km Laufen bei den Olympischen Spielen. Das ist freilich nicht die komplette Bandbreite, die die Sportart zu bieten hat; letztendlich kann sich alles Triathlon nennen, was mit Schwimmen, Radfahren und Laufen zu tun hat. Großer Beliebtheit erfreut sich unter anderem die Mitteldistanz, die über 2,5 km Schwimmen, 80 km Radfahren und 20 km Laufen führt. Eher der Rubrik Adventure müssen die verschiedenen Ultra-Triathlons zugerechnet werden, bei denen sich die Strecken des langen Triathlon noch vervielfachen.

„Olympischer Triathlon ist Sport, Ironman ist Lifestyle"

Doch der klassische Richtungsstreit der Triathleten entzündet sich an der Frage „Lang" oder „Kurz". „Olympischer Triathlon ist Sport, Ironman ist Lifestyle", hat Peter Kropko, einst selbst ein Langstreckler von Weltklasseformat, einmal gesagt. Ein allemal griffiger Satz – und irgendwie stimmig. Was schon dadurch deutlich wird, dass der Altersklassenanteil bei den Langstrecklern um ein Vielfaches höher ist als bei den Kurzstrecklern. Mehr noch: Die olympische Distanz scheint zuvorderst jenen vorbehalten, die den Sport des reinen Wettkampfs wegen betreiben, von jungen Athleten also, für die es nicht die Frage ist, ob sie nach zwei Stunden ins Ziel kommen, sondern wie schnell und auf welchem Platz. Oder bestenfalls von älteren, die Wettkämpfe über Kurz als Vorbereitung für ihre eigentliche Passion, die Langstrecke, sehen.

Wobei, weil keine Regel ohne Ausnahme ist, das natürlich für die Ironman-Spitzenathleten keine Gültigkeit besitzt. Für sie geht es längst auch auf der Langstrecke ums Tempo und die Platzierungen, das reine Durchkommen ist für sie zur Selbstverständlichkeit geworden. „Ich weiß, dass ich die Strecke prinzipiell im Griff habe", sagt etwa Thomas Hellriegel, ein reiner Langstreckenspezialist, der der gekürzten Form des Dreikampfs keinen Reiz abge-

winnen kann und für den Olympia nie ein ernsthaftes Thema war.

Was also ist der richtige Triathlon, der echte und einzig wahre? Die Athleten selbst, zumindest die in der Weltspitze, rollen bei dieser Frage nur noch genervt die Augen. „In der Leichtathletik käme doch auch keiner auf die Idee, Sprint und Langstrecke zu vergleichen", sagt etwa der Schweizer Spitzen-Langstreckler Olivier Bernhard. Und so einfach ist das wirklich: Lang ist halt lang, Kurz eben kurz. Das Verhältnis der Spitzenathleten untereinander ist ohnehin meist von gegenseitigem Respekt geprägt.

Zumal die meisten Langstreckenprofis von der Kurzstrecke her kommen. Sowohl Thomas Hellriegel als auch Lothar Leder oder Jürgen Zäck waren zu Beginn ihrer Karrieren für die DTU auf der olympischen Distanz erfolgreich unterwegs, auch der Belgier Luc van Lierde

▲ Richtungsstreit: Ist „Kurz" oder „Lang" beim Triathlon anspruchsvoller?

sammelte zunächst auf der Kurzstrecke Titel, ehe er 1996 das bisher einmalige Kunststück fertigbrachte, als Rookie, als Debütant also, Hawaii zu gewinnen.

„Grundsätzlich", findet Thomas Hellriegel, „ist es auf jeden Fall zu empfehlen, nicht zu früh auf die Langstrecke zu wechseln und somit erstmal kurz zu machen." Er selbst sattelte später, ähnlich wie Jürgen Zäck, gänzlich auf die Langstrecke um, andere Athleten wie Leder oder van Lierde wagten und wagen auch später noch den Spagat zwischen Lang und Kurz.

Auch bei den Kurzstrecken dominieren die Profis

Doch in einer Zeit, in der auch auf der Kurzstrecke längst waschechte Profis den Ton angeben, scheint es kaum noch möglich, auf beiden Distanzen gleichzeitig in vorderster Spitze erfolgreich zu sein. Bei Olympia 2000 jedenfalls waren in den Top Ten ausschließlich reine Kurzstreckler vertreten, Leder und van Lierde konnten sich erst gar nicht für Sydney qualifizieren, ähnlich erging es bei den Frauen der Schweizerin Natascha Badmann, 1998 erstmals Siegerin auf Hawaii.

Zwar versuchen sich viele Langstreckler nach wie vor auch auf der Kurzstrecke, doch geschieht dies meist nur noch zu Übungszwecken, schon im Training. So gab Luc van Lierde nach seinem zweiten Sieg auf Hawaii im Jahr 1999 bekannt, er habe sich auf den Ironman verstärkt durch die Teilnahme an Kurzstreckenrennen vorbereitet, um dort seine Grundschnelligkeit zu verbessern. Eine Vorgehensweise, die ganz offenbar im Trend liegt, jedenfalls scheint die reine und monotone Kilometerfresserei während der Vorbereitung selbst bei den Langstrecklern kaum noch up to date. „Nach wie vor viel, das aber immer schneller", sagt selbst Thomas Hellriegel, bekannt für größte Trainingsumfänge. Lothar Leder, ohnehin schon immer mit einem Faible für die Kurzstrecke ausgestattet, wird da noch deutlicher: „Man wird auf Lang nur über Kurz schnell."

Gemein in Gemeinschaft.
Ärger ums Windschattenfahren

Die Kurzstrecke hat sich in den letzten Jahren zur eigenständigen Disziplin entwicklelt und ihren eigenen Charakter herausgebildet, was sich auf Wettkampf wie Training gleichermaßen auswirkt.

Nichts, wirklich gar nichts, hat die Triathlonwelt bei diesem Prozess mehr beschäftigt als das Wegfallen des Windschattenverbots auf der Kurzstrecke, nichts wurde mehr und kontroverser diskutiert, nichts hat sie mehr entzweit. Seitenweise und über Jahre hinweg füllte die Tatsache, dass das Drafting (so der Fachausdruck) im Triathlon plötzlich erlaubt war, die Spalten der Fachmagazine, was darauf schließen lässt, dass die Sache ganz offenbar als schwerer und lebensbedrohlicher Anschlag auf die ganze Sportart gesehen wurde.

Das hat damit zu tun, dass das Draftingverbot – auf der Langstrecke nach wie vor existent, wenn auch je nach Wettkampf unterschiedlich verfolgt – als elementarer Bestandteil einer Triathlonphilosophie empfunden wurde und von vielen nach wie vor empfunden wird. Einer Philosophie, die da unumstößlich lautet: Triathlon heißt in allererster Linie Kampf gegen sich selbst. Genau dagegen schien die Freigabe des Windschattenfahrens zu verstoßen, weil plötzlich erlaubt war, Pulk zu fahren, zusammen mit anderen also, sich gar mit ihnen zu verbünden oder Mannschaftstaktiken anzuwenden, so wie es bei Radrennen üblich ist.

Vielleicht hätte Triathlon sich gegen die Freigabe des Windschattenverbots wehren können, aber vielleicht wäre die Sportart dann auch nie olympisch geworden. Die Aufhebung des Windschattenverbots jedenfalls war eine der Aufnahmebedingungen, die das Internationale Olympische Komitee an den Internationalen Verband, die ITU, stellte, auch wenn dies nie offiziell und öffentlich geschah, sondern in einem jener geheimen Zirkel, die die

Eintrittskarte für die Olympiade

olympische Familie unter Kontrolle haben. Zugute halten muss man den Herren der Ringe dabei aber immerhin, dass sie den Eingriff nicht aus einer Laune heraus, sondern durchaus in guter Absicht vornahmen. Im Triathlon sollten damit Fälle verhindert werden, wie sie beispielsweise bei den Gehern in der Leichtathletik immer wieder vorkamen und vorkommen: Dass Athleten, die aussehen wie Sieger, von Kampfrichtern plötzlich und für die Zuschauer meist nicht nachvollziehbar aus dem Rennen genommen werden. Und was bei den Gehern der Gehfehler, hätte bei den Triathleten leicht der Verstoß gegen die Windschattenregel werden können. Anzeichen hierfür gab es bei Welt- und Europameisterschaften Anfang der neunziger Jahre jedenfalls genug: Disqualifikationen waren da eher die Regel als die Ausnahme, weil die Spitze leistungsmäßig zusammengerückt war und die Pulks, die schon zusammen aus dem Wasser kamen, sich auf einer Radstrecke von 40 Kilometern kaum entzerren konnten. Windschattenfreies Fahren wurde nahezu unmöglich – also gab man es einfach frei.

Die Neuregelung veränderte die Rennstruktur auf der Kurzstrecke maßgeblich und entfernte die Praxis der Kurz- noch mehr von der der Langstrecke. Während sich auf der Langstrecke in erster Linie das Radfahren und das Laufen als entscheidende Disziplinen herauskristallisiert haben, schon weil sie die meiste Zeit des Ironman-Tages in Anspruch nehmen, wird auf der olympischen Distanz dem Schwimmen und Laufen immer größere Bedeutung zugeschrieben. Was verstärkt zu dem Vorwurf geführt hat, aus dem olympischen Dreikampf sei immer mehr ein Zweikampf geworden. Und selbst der Brite Simon Lessing, in den neunziger Jahren überragender Mann auf der Kurzstrecke und viermal Weltmeister, sah sich nach der Olympiapremiere in Sydney, die er auf einem für ihn enttäuschenden neunten Rang abschloss, als „Opfer des modernen Triathlons". Lessing: „Ich bin stark in allen drei Disziplinen. Aber heute reicht es praktisch, ordentlich zu schwimmen und sehr gut zu laufen." Oder, drastischer beschrieben von FAZ-Sportredakteur und Hawaii-Fini-

▲ Den Individualismus im Schatten des Vordermannes aufgeben: Windschatten-fahren gilt vielen als Verstoß gegen triathletische Werte.

sher Michael Eder: „Das Radfahren auf der Kurzstrecke hat sich wegen der Windschattenfreigabe zum langweiligen Pausenfüller zwischen Schwimmen und Laufen entwickelt."

Ralf Ebli, seit Januar 2001 Cheftrainer der Deutschen Triathlon-Union (DTU), will das so negativ naturgemäß nicht beschrieben wissen, er spricht lieber von einem „neuen Triathlongedanken", den er freilich so umschreibt: „Heute ist das Schwimmen die vorentscheidende Disziplin, Laufen ist siegentscheidend, das Radfahren hat eher Zuliefererfunktion". Eblis Folgerung daraus dürfte vor allem die Langstreckenpuristen und Drafting-Gegner ziemlich auf die Palme bringen: „Triathlon", stellt der DTU-Chefcoach fest, „wird somit schon im Training immer mehr als eine Mischung aus Einzel- und Mannschaftssport begriffen werden. Da gibt es dann wie im Radsport Edeldomestiken und Leute für den Sieg."

Einer, der den neuen Triathlongedanken ganz offenbar schon vor der Olympiapremiere verinnerlicht und bereits in der Vorbereitung auf Sydney konsequent durchgezogen hatte, war der Deutsche Stephan Vuckovic. Im Oktober vor den Spielen wechselte Vuckovic in die Trainingsgruppe des Leichtathletiktrainers Thomas Springstein, in früheren Jahren durch den Fall der DDR-Sprinterin Katrin Krabbe zu unrühmlicher Bekanntheit gelangt. Ab diesem Zeitpunkt war das Training des späteren Silbermedaillengewinners in der Hauptsache auf Schwimmen und, vor allem, Laufen ausgelegt. Aufs Radfahren legte der Mann mit der prägnanten Glatze während der Olympiavorbereitung lediglich drei Wochen lang seinen Trainingsschwerpunkt: Eine Woche in der Höhe mit 500 Kilometer Umfang, später nochmals zwei Wochen in einem Trainingslager an der Ostsee mit einmal 350 und einmal 380 Wochenkilometern. „Das hat gereicht", findet Vuckovic, zumal die Einheiten in weit schnelleren Tempobereichen stattfanden als gewöhnlich.

Zur Nachahmung dürfte eine solche Vorbereitung dennoch nicht taugen, wie Vuckovic selbst auch zugibt. „Mein Glück war, dass ich in den Jahren davor unheimlich viel Rad gefahren bin und eine unheimlich gute Grundlage hatte", sagt der Mann aus Reutlingen, der in den Jahren zuvor stets das komplette Trainingsprogramm der DTU mitgemacht hatte und bereits 1997 Vizeeuropameister war. Das viel mehr auf Tempo und Härte ausgerichtete Training von Springstein baute, auch im Radbereich, offenbar genau auf diesen Grundlagen auf. Zumal das olympische Rennen für Vuckovic dann doch ganz anders verlief als gedacht – und ziemlich überraschend sowieso: Spät kam er aus dem Wasser, schaffte ausgerechnet auf dem Rad den Anschluss an die Spitzengruppe, die sich freilich in der Führungsarbeit nicht einig wurde – und lief sich dann die Lunge aus dem Leib, bis hin zur Silbermedaille. Mit so einem Rennverlauf hatte im Vorfeld nun wirklich niemand gerechnet – mit Vuckos Silber ohnehin nicht.

Dabei dürften die olympischen Premiere-Rennen, bei Frauen wie Männern, ziemlich so gewesen sein, wie sie sich die alten Herren vom IOC vorgestellt hatten: schnell, kämpferisch, mit Führungswechseln und knappen Entscheidungen nahe der Ziellinie sowie sichtbarem Kampf um Sekunden schon in der Wechselzone, zudem geprägt von Taktik, von gegenseitigem Belauern, gerade auf dem Rad. So etwas gibt es beim Ironman nicht, wo der Athlet die meiste Zeit alleine mit sich ist und in erster Linie einen monotonen und endlos scheinenden Kampf gegen sich selbst führt. Genau das aber ist es, was heute vom modernen Wettkampfsport und somit von einer neuen olympischen Disziplin erwartet wird: Tempo, Taktik, Zweikampfhärte. Und wenn dabei der Urgedanke und die Grundphilosophie der Sportart wortwörtlich auf der (kurzen) Strecke bleiben, dann ist das nicht weiter schlimm. „Die abgespeckte Version eines Mythos", nannte die „Neue Zürcher Zeitung" Rennen über die olympische Distanz einmal; das scheint allemal trefflich formuliert.

„Die abgespeckte Version eines Mythos"

Zurechtgestutzt.
Olympia als Chance

Die Teilnahme bei Olympia hat Triathlon freilich nicht nur einen Teil seines Mythos genommen, sondern selbstredend auch eine Chance geboten. Und dass durchaus auch die Kurzstrecke die Menschen in ihren Bann ziehen kann, wurde bereits im Vorfeld der Spiele nirgendwo mehr ersichtlich als in Australien selbst. Dies freilich entstand nicht ganz zufällig. Mit der terminlichen Festlegung des Dreikampfs am Beginn der Spiele kam in „down under" ein wohl kalkulierter Plan in Gang, der Triathlon, wohlgemerkt die Kurzstrecke, in der Beliebtheitsskala der Australier mächtig nach oben schnellen ließ.

Der Gedanke, der zu diesem Plan führte, war ebenso einfach wie nachvollziehbar: Im Triathlon würden in Sydney die ersten Medaillen vergeben (der Frauen-Wettbewerb war in Sydney Eröffnungswettkampf), da sollten die australischen Athleten möglichst gleich auf dem Treppchen landen, am besten mehrfach bei Frauen und Männern, um das ganze Land von Beginn der Spiele an in einen olympischen Taumel und Rausch zu versetzen. Um das bewerkstelligen zu können, wurde der Dreikampf nicht nur zur finanziell mit am meisten geförderten Sportart Australiens, sondern gleich auch noch zum Schulsport ernannt. Zudem wurde eine Wettkampfserie aus dem Boden gestampft, die äußerst medienwirksam präsentiert und unter anderem live im Fernsehen übertragen wurde. Dabei ging es meist um noch kürzere Strecken als auf der olympischen Distanz, nicht selten wurden die Disziplinen zudem umgestellt. So bestand ein Wettkampf dieser Serie oft aus zwei oder drei kleineren und entsprechend schnellen und kurzen Triathlonsequenzen, die mal mit Schwimmen begannen, mal mit Laufen oder Radfahren, alles inszeniert auf engstem Raum, zum Beispiel auf dem Parkplatz eines Einkaufsmarktes, und somit besonders zuschauerfreundlich.

Aus alledem erwuchs in Australien eine Kurzstrecken-Kultur, wie sie in dieser Ausprägung sonst nirgendwo existent war – und die sich selbstredend auch auf die sportlichen Leistungen der australischen Athleten auswirkte, schon weil sie professionelle Voraussetzungen bot. Dabei entstanden, wie bei den afrikanischen Läufern in der Leichtathletik, Trainingsgruppen, in denen die Sportler quasi schon bei den täglichen Trainingseinheiten stets Konkurrenz hatten – und somit immer auch Wettkampf. „Da ging's jeden Tag zur Sache", erinnert sich Lothar Leder, der Ende der neunziger Jahre selbst einmal ein halbes Jahr in einer australischen Gruppe mittrainierte. „Man wird nur in der Gruppe schnell", hat er dabei erkannt.

▲ Stephan Vuckovic, Silbermedaillengewinner bei Olympia 2000. ▼

Wie schnell die Australier dabei wurden, sollte sich in den Weltcuprennen in den Jahren vor Sydney über die olympische Distanz zeigen, mehr noch bei Weltmeisterschaften, die sie scheinbar nach Belieben beherrschten. Umso größer muss die Enttäuschung gewesen sein, dass der Plan seine endgültige Erfüllung nicht fand: Bei der olympischen Triathlonpremiere schaffte es lediglich Michellie Jones mit ihrem zweiten Platz im Frauenrennen aufs Treppchen.

Was im übrigen auch für Stephan Vuckovic galt, freilich im umgekehrten, weil positiven Sinn, schon weil der Reutlinger mit einer Medaille nicht wirklich rechnen konnte. Umso mehr schlug diese ein, zumal garniert mit einem ausgelassenen Tänzchen auf der Zielgerade, das um die Welt ging und Vuckovic bisher ungekannte Popularität verschaffte. „Der fröhlichste Zweite der Spiele", titelte einen Tag nach der Sensation selbst die FAZ, entsprechend wurde der Mann ohne Haare auch von anderen Medien hofiert. Vuckovic war plötzlich in aller Munde, zum ersten Mal überhaupt konnte ein Triathlon-Kurzstreckler hier zu Lande mehr Aufmerksamkeit auf sich ziehen als die Kollegen von der Ironman-Distanz.

▇ Porträt: Lothar Leder
Der Pendler

Es gibt Stimmen, die behaupten, Lothar Leder sei der mit ziemlichem Abstand talentierteste der deutschen Triathlon-Cracks. Und es gibt Stimmen, die behaupten, dieser Lothar Leder sei bisweilen etwas chaotisch, vor allem was sein Training angehe. Ganz sicher verbürgt hingegen ist, dass Lothar Leder der erste Athlet der Welt ist, der einen Ironman unter der nach wie vor magischen Acht-Stunden-Grenze finishte, bei 7:57,02 Stunden blieb die Uhr 1996 in Roth für

▼ Lothar Leder

ihn stehen. Und sicher ist allemal auch, dass Leder damit einen exponierten Platz in den Geschichtsbüchern des Triathlons gefunden hat.

Was wiederum darauf hindeutet, dass Leders Talent den Kampf gegen das Chaos letztendlich doch gewonnen hat. Wobei es vielleicht gerade auch das Talent des Darmstädters ist, das das Chaos erzeugt, weil es ihm Entscheidungen oftmals so schwer macht. Zum Beispiel jene über Kurz oder Lang, Ironman oder Olympische Distanz. Über beide Strecken hat Leder, wie weltweit vielleicht nur noch der Belgier Luc van Lierde, enormes Potenzial. Auch deswegen pendelt er bisweilen zwischen den beiden Welten.

Die Kurzstrecke liebt er, daran hat er selten Zweifel gelassen. Die Langstrecke braucht er, weil nur sie hier zu Lande das Leben als Profi absichert – und somit die Familie. Und letztendlich hat der gelernte Bankkaufmann auf der Ironmandistanz eben doch seine größten und medienwirksamsten Erfolge zu verzeichnen: die beiden Siege in Roth (1996 und 2000) sowie die beiden dritten Plätze (1997 und 1998) auf Hawaii. Die Kurzstrecke hingegen hat ihm seine bisher größte sportliche Enttäuschung eingebracht: Um die Winzigkeit von zehn Sekunden verpasste Leder die Qualifikation für die Olympischen Spiele in Sydney. Als Stephan Vuckovic, nicht eben als Leders Freund bekannt, sich Silber holte, saß er in der Zentrale von Eurosport in Paris und kommentierte das Rennen. Und ein paar Mal dürfte ihm dabei schon durch den Kopf geschossen sein, was hätte passieren können, wenn auch er dabei gewesen wäre „down under", schließlich hatte er im Vorfeld der Spiele Vuckovic nicht nur einmal besiegt.

Vorbei. Vergessen. Für Leder gibt es ja immer noch die Langstrecke – und durchaus ein paar Ziele. Hawaii hat er noch nicht gewonnen, das wurmt ihn ein bisschen. Nach zwei dritten und einem vierten Platz (2000) wäre es dafür an der Zeit.

Profis. Triathlon als Beruf

Das Leben als Triathlet ist schon hart, jenes als Triathlon-profi auf jeden Fall noch härter. Wobei es ein ebenso exklusiver wie überschaubarer Kreis ist, der im Triathlon die Bezeichnung Profi (einer, der ausschließlich von seinem Sport lebt, also) für sich in Anspruch nehmen kann; der große Rest nennt sich zwar so und startet in der entsprechenden Klasse, ist es aber keineswegs, jedenfalls nicht wirklich. Dabei gilt, wie meistens, wenn vom Geld die Rede ist: Spekulationen und Gerüchte gibt es viele – nicht immer aber sind sie abgeglichen mit der Realität.

Prinzipiell feststellen lässt sich aber auf jeden Fall, dass eine professionelle Struktur auf der Langstrecke weit mehr vorhanden ist als auf der Kurzstrecke. Und selbstredend waren es die ersten Hawaii-Helden, die den Dreikampf auch zu ihrem Beruf machten: Dave Scott, Scott Tinley, später Mark Allen sowie Scott Molina. Diese Vier haben als Erste ausschließlich vom Triathlon gelebt – und das nicht eben schlecht. Wobei es durchaus interessant ist zu beobachten, dass Dave Scott mit seinen sechs Siegen auf Hawaii zwar sportlich die Nase weit vor Scott Tinley (zwei Siege) hatte, bei der Vermarktung aber mindestens ebenso deutlich hinterher hinkte. Tinley war nicht nur der Erste mit eigenem Manager, sondern brachte Ende der achtziger Jahre auch eine eigene Kleiderkollektion mit seinem Namen, die „Tinley Sportswear", heraus, die später von Reebok aufgekauft wurde.

Etwa zur gleichen Zeit, nach seinen ersten Hawaii-Siegen also, stieß Mark Allen in neue Vermarktungsdimensionen vor. Jedenfalls soll sein Vertrag mit Nike der erste eines Triathleten gewesen sein, der die Millionen-Grenze überschritt, freilich verteilt auf mehrere Jahre. Zudem war Allen, wie auch der junge Jürgen Zäck, Dirk Aschmoneit, Rob Barel und Erin Baker, 1987 und 1990 Siegerin auf Hawaii, Mitglied im „Winning-Club-Team" von Jean-Claude Garot. Die Mannschaft des belgischen Verlegers und Herausgebers der Fachzeitschrift „Triathlet" war

▶ *Fortsetzung nach den Farbseiten*

From dawn till dusk –
Impressionen vom Triathlon

▲ Start in Roth…

▲ …und auf Hawaii

▲ Kampfgetümmel

▲ Hawaii

▲ Roth

▲ Training auf Lanzarote

▲ Erfrischung (links: Lothar Leder)

▲ Einsamkeit

▲ Letzte Verpflegung

▲ Ankunft: der Alii-Drive auf Hawaii   (Alle Farbfotos: Michael Kunst)

◄ Thomas Hellriegel profitierte auch finanziell von seinem Hawaii-Sieg.

die Erste, die sich um die Einführung professioneller Strukturen im Triathlonsport verdient machte, allerdings nur zwei Jahre lang: Schon 1989 fiel sie, auch wegen wirtschaftlicher Probleme, schon wieder auseinander.

In Deutschland war es Dirk Aschmoneit vor seiner Übersiedelung in die USA vorbehalten, zwei bis drei Jahre lang als erster waschechter Profi vom Triathlonsport zu leben. Ihm folgten später, ab Mitte der neunziger Jahre, die großen Drei, also Thomas Hellriegel, der erste deutsche Hawaii-Sieger, Lothar Leder, der als erster Mensch unter der Acht-Stunden-Grenze geblieben war, und Jürgen Zäck, der Rekordgewinner vom Ironman Europe im fränkischen Roth. Die drei Ironmen machten durch ihre weltweit herausragenden Ergebnisse nicht nur die Sportart einer noch breiteren Öffentlichkeit bekannt

– unter anderem landete Hellriegel 1997, im Jahr seines Hawaii-Triumphes, bei der Sportler-des-Jahres-Wahl auf Rang drei, geschlagen nur von Tour-de-France-Sieger Jan Ullrich sowie dem Diskus-Olympiasieger Lars Riedel –, sondern kurbelten damit natürlich auch das eigene Geschäft an, das ihnen dem Vernehmen nach Jahreseinkommen zwischen 300.000 und 500.000 Mark einbrachte. Das ist zwar deutlich weniger, als bekannte Zweitliga-Fußballer heutzutage einstreichen, für Triathlonverhältnisse aber doch schon eine ganze Menge und weltweit nicht von vielen erreicht oder gar übertroffen.

Zumal die deutschen Dreikämpfer einen wesentlich härteren Verteilungskampf mit anderen Sportarten zu führen haben als beispielsweise der Belgier Luc van Lierde, der in seinem von sportlichen Erfolgen nicht gerade verwöhnten Heimatland durch seine Hawaii-Siege eine Ausnahmestellung einnimmt. Van Lierde, so wird in der Szene gemunkelt, sollen die Siege auf Big Island jährlich rund eine Million Mark aufs Konto spülen; freilich ist auch diese Summe unbestätigt.

Durchaus möglich, dass der Belgier damit sogar dem Briten Simon Lessing den Rang als bestbezahlter Triathlet abgelaufen hat. Lessing, vierfacher Weltmeister auf der olympischen Distanz, ist der einzige Kurzstreckler, der in diesen Dimensionen mithalten kann, und das auch nur, weil er bereits Mitte der neunziger Jahre, just als bekannt wurde, dass Triathlon olympisch würde und ein Boom erwartet wurde, einen längerfristigen Vertrag mit Nike abschließen konnte, der ihm jährlich angeblich zwischen 500.000 und 600.000 eingebracht haben soll – und zwar Dollar. Doch selbst Verdienstkrösus Lessing lamentierte nach seinem Flop beim olympischen Rennen in Sydney, das er mit Rang neun abschloss: „Es wird immer schwieriger, Sponsoren zu finden. Es gibt nicht mehr viele Firmen, die in Triathlon investieren wollen."

Schneller, weiter.
Rekorde und Grenzen

11 Stunden, 46 Minuten, 58 Sekunden. So lautete die erste Siegerzeit auf Hawaii, Gordon Haller stellte sie bei der Ironman-Premiere auf. Das war 1978. Seitdem gibt es längst Athleten, die die dreigeteilte Vielseitigkeitsprüfung zu einer Angelegenheit für Spezialisten haben werden lassen – für Triathleten eben und nicht mehr erweiterte Schwimmer, Radler oder Läufer. Entsprechend haben sich die Rekorde entwickelt, die im Triathlon keine Rekorde sind, sondern, wie auch beim Marathon, Bestzeiten, weil ein Zeitenvergleich verschiedener Ironman-Wettbewerbe sich schon aufgrund der unterschiedlichen Streckenprofile verbietet. Entsprechend gibt es eben leichtere und schwerere Strecken, schnellere und langsamere – und somit solche, die für Weltbestzeiten geradezu prädestiniert sind, ja beinahe dafür gemacht scheinen.

Freilich gehört es auch zu der Rekordjagd, dass im Fall einer neue Bestmarke die Streckenlänge in Zweifel gezogen wird, natürlich nur gerüchteweise. Detlef Kühnel, der Veranstalter von Roth kann davon ein Lied singen. Sind es wirklich 180 Kilometer auf dem Rad, die die Athleten durch die fränkischen Wälder kurbeln, oder nicht doch nur 178 oder noch weniger? War es wirklich ein ganzer Marathon, den Luc van Lierde bei seiner phantastischen Weltbestzeit 1997 (7:50,27 Stunden) lief und für den er für Triathlonverhältnisse geradezu unglaublich anmutende 2:36,49 Stunden brauchte – oder haben am Ende nicht doch ein paar hundert Meter gefehlt? Spekulationen gibt es da viele, Gerüchte nicht minder – und schlichtweg Fakt ist, dass Kühnel seine Strecke hat vermessen lassen und sie für ordnungsgemäß erklärt wurde.

Zweifelsohne handelt es sich bei Roth um eine Hochgeschwindigkeitsstrecke. Bereits bei der Premiere im Frankenland 1988 stellte der Niederländer Axel Koenders mit 8:13,11 Stunden eine neue Weltbestzeit auf, die allerdings schon ein Jahr später in einem denkwürdigen Rennen auf Hawaii pulverisiert wurde: Nahezu zeitgleich waren Dave Scott, bereits sechsfacher Sieger, und Mark Allen aus dem Wasser gekommen (51:17 Minuten), beinahe auf die Sekunde gleich (4:37,52 Stunden) vom Rad gestiegen. Was dann kam, war das vielleicht erbittertste Duell, das es im Triathlon jemals gab: Schulter an Schulter liefen Scott und Allen den Marathon, beäugten sich, belauerten sich – und warteten darauf, dass der andere jeweils ein Zeichen von Schwäche zeigen würde. Dieses kam zwei Meilen vor dem Ziel, und es war Scott, der es zeigte. Allen nutzte die Chance, verschärfte das Tempo – und lief seinem ersten Hawaii-Sieg entgegen in der neuen Bestzeit von 8:09,15 Stunden und damit genau 58 Sekunden schneller als Scott.

Zweifel am Rekord in Japan

Dies war die letzte Männer-Bestmarke, die auf Hawaii gesetzt werden konnte, auch deswegen, weil Dave Scott noch einmal zu einer Großtat ausholte: 1989 beim Ironman in Japan war es, dass er mit 8:01,32 Stunden eine Weltbestzeit aufstellte, die für die nächsten Jahre unerreichbar bleiben sollte – und an der man, diesmal durchaus zu Recht übrigens, so seine Zweifel haben durfte, was Scott später nach dem einen oder anderen Bierchen selbst gerne zugab.

Überprüfbare Tatsache hingegen ist, dass sich in den nächsten Jahren vor allem Mark Allen um schnelle Zeiten verdient machte. Sowohl 1992 (8:09,08 Stunden) als auch 1993 (8:07,45 Stunden) stellte er auf Hawaii Bestmarken auf, die erst 1996 von dem Belgier Luc van Lierde (8:04,08 Stunden) und dem Deutschen Thomas Hellriegel (8:06,07 Stunden) gebrochen wurden. Noch schneller waren zu jener Zeit freilich schon die Rennen in Roth: 1991 war es Paul Kiuru, der nach 8:04,54 Stunden ins Ziel kam, zwei Jahre später der Chilene Christian Bustos, der 8:03,19 Stunden brauchte. Und bereits 1994 deutete dann Jürgen Zäck an, dass die Acht-Stunden-Schallmauer bald wohl fallen würde: 8:01,59 Stunden benötigte er für seinen zweiten Sieg nach 1989 (damals allerdings über die Halbdistanz).

▲ Rekordverdächtig: der Ironman in Roth.

Diese triathlonhistorische Tat blieb zwei Jahre später dann Lothar Leder vorbehalten. 49:33 Minuten schwamm der Darmstädter, 4:24,06 Stunden fuhr er Rad, schließlich brauchte er nochmals 2:43,23 Stunden für den Marathon, was sich am Ende zur neuen und diesmal echten Weltbestzeit von 7:57,02 Stunden aufrechnete. Die Mauer war gebrochen, und wie so oft im Sport, wenn es einer erst geschafft hat, sollten die anderen bald schon folgen. Und sie taten es nur ein Jahr später erneut in Roth und mit einem Rennen, das längst zu den ganz großen und legendären zählt und in dem so ziemlich alle Bestmarken fielen: Schon früh am Morgen stellte der Deutsche Michael Prüfert mit 43:35 Minuten eine neue Schwimmbestmarke auf, bis zum Mittag hatte Thomas Hellriegel mit 4:14,45 Stunden dies auch auf dem Rad bewerkstelligt, und der dritte Teil des Tages gehörte schließlich Luc van Lierde, dem Hawaii-Sieger des Vorjahres. Nach dem Radfahren noch hinter den Deutschen Thomas Hellriegel, Jürgen Zäck und Lothar Leder deutlich

**1997 in Roth:
Ein Triathlon
der Superlative**

und scheinbar aussichtslos zurück, holte er sich auf der Marathonstrecke einen nach dem anderen. 2:36,49 Stunden benötigte der Belgier schließlich für die 42,195 Kilometer, im Ziel gefeiert aber wurde er für die Gesamtzeit von 7:50,27 Stunden.

Triathlon hatte, zumal auch Jürgen Zäck (7:51,42 Stunden) und Lothar Leder (7:56,39 Stunden) noch unter der alten Welt-Bestzeit aus dem Vorjahr blieben, an diesem Tag in Roth eine neue Dimension erreicht, was auch dadurch unterstrichen wird, dass selbst der Viertplatzierte Hellriegel mit 7:57,21 Stunden noch deutlich unter der Acht-Stunden-Marke blieb.

In diesem Tempobereich konnte bisher nur der Kanadier Peter Reid mithalten, 1998 und 2000 Sieger auf Hawaii. Er finishte bei der Premiere des Ironman Austria in Kärnten nach 7:51,56 Stunden und absolvierte dabei den abschließenden Marathon in 2:35,21 Stunden und somit noch schneller als Luc van Lierde 1997 in Roth. Allerdings wurde auch hier die regelgerechte Distanz, vor allem beim Marathon, angezweifelt – und die Strecke nachgebessert. Und siehe da: In den Folgejahren waren die Zeiten in Klagenfurt schon nicht mehr ganz so schnell.

Die schnellste Frau: Paula Newby-Fraser

Bei den Frauen werden die Bestzeiten in erster Linie von einem Namen diktiert – von Paula Newby-Fraser. Bereits bei ihrem ersten von acht Hawaii-Siegen stellte die zunächst für Zimbabwe, später für die USA startende Triathletin mit 9:49,14 Stunden eine unglaubliche Bestzeit auf, die sie später nochmals nach unten drückte. Zwar luchste ihr Erin Baker, Hawaii-Championesse 1987 und 1990, mit 9:35,25 Stunden die Bestzeit 1987 nochmals ab, doch schon in den beiden folgenden Jahren schraubte Newby-Fraser die Marke auf 9:00,56 Stunden und damit ganz nah an die für die Frauen nach wie vor als Schallmauer geltende Neun-Stunden-Grenze.

Diese zu durchbrechen war ihr allerdings nicht vergönnt, 1991 kam ihr die Niederländerin Thea Sybesma zuvor, die, natürlich in Roth, 8:55,29 Stunden für die 226 Kilometer benötigte. Doch schon ein Jahr später holte sich Newby-Fraser die Bestmarke zurück, bei ihrer zweiten Roth-Teilnahme kam sie nach glatten 8:55 Stunden ins Ziel, schon im Oktober des gleichen Jahres ließ die Ironman-Rekordgewinnerin mit 8:55,28 Stunden ein ähnlich furioses Rennen folgen. Eine Verbesserung der eigenen Weltbestzeit gelang ihr aber erst zwei Jahre später, 1994 – und wieder in Roth: Bei 8:50,53 blieben diesmal die Uhren stehen, eine Zeit, die in den folgenden Jahren bei Weitem nicht mehr erreicht werden sollte.

Auch bei den Männern stellt sich seit dem Wahnsinnsrennen 1997 in Roth die Frage: Wie schnell geht es noch? Oder besser: Geht es überhaupt noch schneller? Eine Antwort ist schwer zu geben, die Topathleten selbst sind sich darüber nicht so ganz einig.

Wo liegen die Grenzen?

„Für meine Generation", glaubt etwa Thomas Hellriegel, 1997 in 7:57,21 Stunden Vierter, „ist bei 7:50 Stunden wohl das Ende der Fahnenstange erreicht." Lothar Leder, der erste Mensch unter acht Stunden, gibt zumindest fünf Minuten dazu und sieht die Grenze bei 7:45 Stunden.

Ziemlich sicher scheint, dass über die 226 Kilometer viele Faktoren zusammenkommen müssen, damit eine Fabelzeit erreicht wird: Wetter, Konkurrenz, individuelle Form beispielsweise. Und mindestens ebenso sicher dürfte sein, dass es keine allzu großen Sprünge mehr sein werden, die da noch möglich sind. Dafür ist die Generation um Hellriegel, Leder, Zäck und van Lierde zu sehr an die Grenzen gegangen, eben weil sie die erste war, die Ironman professionell betrieben hat. Nach mehr als 20 Jahren Langstrecke ist vieles ausgereizt, was vor zehn Jahren noch Neuland war, in erster Linie Trainingslehre und Material.

„Es könnte noch schnellere Zeiten geben durch Weiterentwicklung des Radmaterials oder der Neoprenanzüge", sagt Thomas Hellriegel. Oder durch einen neuen Kurs, der dann noch mehr für schnelle Zeiten prädestiniert sein müsste als der von Roth.

Übermenschlich.
Doping im Triathlon

Vielleicht ist es aber auch besser, wenn keine Jagd einsetzt nach Bestmarken, gerade in einer Sportart, die sich aus Schwimmen, Radfahren und Laufen zusammensetzt – und in der Doping somit geradezu zwangsläufig zum Thema wird. Vor allem in den letzten Jahren hat die Doping-Diskussion diese Ausdauersportarten erreicht.

Dabei wurde Triathlon, bisher jedenfalls, von einem Skandal größeren Ausmaßes weitgehend verschont. Ende der achtziger Jahre war es Scott Molina, 1988 Sieger auf Hawaii, dem die unrühmliche Rolle zufiel, als erster positiv getesteter Athlet in die Geschichte des Triathlons einzugehen. Allein durch die eilige Beendigung seiner Karriere sorgte der Fall nur für begrenzten Wirbel. Sieben Jahre später war es dann der Schweizer Pierre-Alain Frossard, der auffällig wurde; weit mehr Aufsehen erregten knapp zehn Jahre nach Molina aber die Doping-Fälle des (wiederum) Schweizer Duathlon-Weltmeisters Olivier Bernhard und des britischen Kurzstreckenweltmeisters Spencer Smith. Drei Nanogramm Norandrosteron und Noretiocholanolon, anabole Steroide also, wurden in Bernhards Urin gefunden. Nandrolon war es bei Spencer Smith. Was letzteren Fall besonders in den Blickpunkt des Interesses zerrte: Die positive Probe wurde bei Smith' erstem Start auf Hawaii genommen, was einer Entweihung des Heiligtums gleichkam. Nandrolon ist auch der Wirkstoff, der u.a. bei dem deutschen Langstreckenläufer Dieter Baumann gefunden wurde.

Die Reaktionen nach den positiven Doping-Befunden im Triathlon? Die üblichen. „Die Wahrheit ist, dass ich niemals irgendwelche Drogen genommen habe. Ich bin absolut unschuldig", sagte Spencer Smith, und auch Bernhard erklärte, er habe nie im Leben etwas Verbotenes eingenommen. Auch die Verbände, nationale wie internationale, reagierten nach dem üblichen Schema: Sie

bunkerten. Mehr noch: Wer sich mit den Fällen intensiver beschäftigte, wurde den Eindruck nicht los, dass, wenn es nur die kleinste Möglichkeit gegeben hätte, die Fälle unter den Teppich zu kehren, genau dies geschehen wäre. Am Ende erledigten sich beide Dopingfälle ohnehin quasi von selbst – wegen Verfahrensfehlern. Soll heißen: Die Verbände dilettierten in beiden Dopingangelegenheiten so lange vor sich hin, bis eine rechtmäßige Verurteilung nicht mehr möglich war – und die Athleten freigesprochen werden mussten.

Demgegenüber hat sich die Deutsche Triathlon Union eines der weitreichendsten Anti-Doping-Reglements gegeben. Seit 1989 sind hier auch Analgetika, also schmerzstillende Mittel, auf die Liste gesetzt, was zur Folge hat, dass hier sogar Acetylsalizylsäure (häufigster Medikamentenname: Aspirin), Ibuprofen und Paracetamol verboten sind. Die Begründung lautet, dass damit die Schmerzgrenze hinausgeschoben werden könnte.

▲ Werden auch im Triathlon mittels Doping Leistungsgrenzen verschoben?

„Es wäre naiv anzunehmen, im Triathlon gäbe es kein Doping"

Zumindest aber zeigen sowohl der Fall Smith wie auch der Fall Bernhard, dass sich die Triathleten, auch jene auf Hawaii, ganz bestimmt nicht auf der letzten Insel des sauberen Sports befinden.

Und zumindest nachdenklich stimmt, dass selbst die Top-Athleten den Betrug via Doping zumindest nicht für ausgeschlossen oder gar nur für unwahrscheinlich halten. „Die Kurzstreckler verdächtigen die Langstreckler und umgekehrt", sagt beispielsweise Lothar Leder, der auf beiden Strecken unterwegs ist. Rainer Müller-Hörner, Mediziner von Beruf, findet indes, „dass es immer mehr wird, was da geht". Worin er von Thomas Hellriegel prinzipiell bestätigt wird: „Es wäre naiv anzunehmen, im Triathlon gäbe es kein Doping", sagt der, freilich mit der Einschränkung: „Von Zuständen, wie sie im Radsport herrschen, sind wir weit entfernt."

Nur: Wie lange noch? Die im Radsport angewandten Mittel sind nämlich prinzipiell auch fürs Triathlon funktional. Beides sind Ausdauersportarten, deren Wettkampfdauer weit über Minuten dauert. Im Radsport wurde in den letzten Jahren viel mit dem als EPO bekannten Erythropoetin experimentiert. Es ist ein körpereigenes Hormon, das die Produktion von Erythrozythen anregt. Produziert wird Erythropoetin verstärkt in sauerstoffärmerer Luft. EPO ist ein künstlich hergestelltes Erythropoetin, das mit dem natürlichen identisch ist. Der Nachweis ist also direkt nicht möglich.

Die Risiken für Sportler, die über ihr natürlich produziertes Erythropoetin noch EPO einnehmen, sind nicht gering: Eindickung des Blutes in Kombination mit Verlangsamung des Herzschlags und in der Konsequenz Herzversagen sind möglich. Auch Lungenödeme sind schon aufgetreten. Doch die schlimmsten Gesundheitsgefahren, so zeigt sich im Radsport, verhindern nicht, dass die Doping-Mittel eingenommen werden.

Länger. Die Ultra-Veranstaltungen

Beinahe überall auf der Welt, wo neue Extreme im Ausdauerbereich erfunden werden, drängen sich bald die Interessenten an der Startlinie. Das Prinzip ist einfach und lässt sich leicht erklären: Wer täglich läuft, will irgendwann einen Marathon bestreiten, wer mehrere Marathons hinter sich hat, den drängt es nach weiteren Herausforderungen – wie etwa einem 24-Stunden-Lauf, einem 100-km-Lauf – oder, wenn er auch noch einigermaßen schwimmen kann, eben einem Ironman. Und wer das Gefühl hat, die 226 Kilometer reichten nicht mehr aus, um seine Grenzen zu erfahren, der steckt sich eben neue. Wo es viele Ironman-Finisher gibt, gibt es naturgemäß auch viele Menschen, die die Distanz im Griff zu haben glauben und sich deshalb neue Abenteuer erschließen, egal, ob es darum geht, einen zwei-, drei- oder fünffachen Ironman zu bestehen oder etwa eine Wüste zu durchjoggen.

Unter all den Extremwettbewerben nimmt der Ultraman auf Hawaii eine besondere Position ein, schon weil die Disziplinen über drei Tage verschiedenartig durcheinandergemischt sind. Insgesamt geht es dabei um 10 km Schwimmen, 421 km Rad und 84 km Laufen. Damit unterscheidet sich der Ultraman von anderen Ultra-Triathlons, die die normale Ironman-Distanz einfach aufmultiplizieren. Soll heißen: Ein Fünffach-Ironman besteht aus 19 km Schwimmen (5 mal 3,8 km) am Stück, 900 km Radfahren und fünf Marathons hintereinander, ein Zehnfach-Ironman ist entsprechend doppelt so lang. Pausiert und geschlafen wird, wenn überhaupt, bei derlei Ultra-Veranstaltungen nur kurz. 20 Minuten am Stück müssen reichen.

Den meisten Ultra-Athleten geht es keineswegs um die Zeit, in der sie eine gewisse Prüfung bestehen, sondern lediglich ums Bestehen selbst. Ankommen ist alles, so lautet die Losung – und sie ist nicht zufällig identisch mit jener der ersten Ironmen. Mehr noch, sie teilt die Athleten

Ankommen ist alles

in zwei Gruppen: Jene, denen eine bestimmte Distanz
ausreicht und die ihre Grenzen darin suchen, diese
Strecke möglichst schnell und immer schneller zu absolvieren, wozu in erster Linie auch der Leistungssportbereich gezählt werden muss. Und jene, für die Zeit und
Tempo eher eine untergeordnete Rolle spielen, oft, weil
ihnen bewusst ist, dass andere ohnehin schneller sind.
Dadurch verlieren diese Athleten an Exklusivität, eben
weil es heute nicht mehr außergewöhnlich ist, eine
Langstrecke in zwölf Stunden zu absolvieren. Genau
diese Exklusivität holen sie sich wieder zurück: indem sie
die Distanzen erweitern – und sich somit die Möglichkeit
geben, etwas zu erreichen, was außer ihnen kaum jemand
erreicht hat.

Das ist denn auch ziemlich genau jener Punkt, an dem
der Sport aufhört, Sport zu sein (eben weil die zeitliche
Komponente wegfällt), – und zum Abenteuer wird. Es ist
ziemlich egal, was für Disziplinen man aneinanderspannt
oder wie lang die Distanzen sind. Die Sahara beim „Marathon de sables" durchqueren? Warum nicht! Zehn
Ironmen aneinander koppeln? Bitte schön! Durch die
Antarktis joggen oder durch das „Death Valley" rennen?
Viel Vergnügen.

▓ Porträt: Astrid Benöhr
Schneller als jeder Mann

Angefangen hat sie, weil sie mit dem Rauchen auf-
hören wollte. Das war Ende der siebziger Jahre, und
Astrid Benöhr war Anfang 20. Mittlerweile hält
Benöhr die absoluten Weltbestzeiten über die Ultra-
Distanzen. „Absolut" heißt, dass die 1957 geborene
Frau aus Bergisch Gladbach auch schneller als alle
Männer ist. Wenn es nur lang genug dauert.
Astrid Benöhr hält den Weltrekord über die 10fache
Ironman-Distanz in 187 Stunden, 18 Minuten und 37
Sekunden. Das ist – auf ihrer Homepage ist es stolz
ausgewiesen – fast fünf Stunden besser als der beste
Mann. Sie hält den Weltrekord über die 5fache Iron-
man-Distanz in 74 Stunden, 1 Minute und 2 Sekunden,
2:15 Stunden schneller als der schnellste Mann.

Benöhr ist der Mensch auf dieser Erde, der die
meisten 3fach-Ironman-Distanzen bewältigt hat, und
von allem, was mehr als doppelt so lang ist wie die
klassische Ironman-Distanz (das sind popelige 228
km), hält sie den Weltrekord.

„1984 absolvierte ich meinen ersten Triathlon in
Köln und wurde Zweite", erzählte sie einmal in einem
Interview. „Die Neugier auf längere Distanzen wuchs
zwar sehr schnell, aber als ich in der Fachpresse las,
dass es in Frankreich einen Dreifach-Ironman gibt,
habe ich noch gedacht: Mein Gott, wer macht denn so
was?" Sie macht so was. „Der Wahnsinn hat einen
Namen" titelte die „Sport-Bild", und verriet ihn: „Astrid Benöhr". Denn: „Sie findet die 400-Stunden-Qual
eines 20fachen Triathlons ganz normal."

Für die dreifache Mutter Benöhr ist das in der Tat
normal. Sie hält sich auf diese Weise fit und ist stolz,
in ihrer ganzen Karriere noch keine Verletzung gehabt
zu haben. „Ich lehne Überforderung von außen total
ab", sagt sie zur Begründung, warum sie ohne Trainer
auskommt, „nicht ohne Grund war ich all die Jahre
ohne Verletzung – als biologisch-technische Assisten-

▲ Astrid Benöhr

tin weiß ich, dass es keine Wirkung ohne Nebenwir-
kung gibt. Der Triathlon ist eine körperharmonische
Sportart. Die Belastung muss ausgewogen erfolgen.
Mein Trainingsprogramm ist in der Regel sehr flexibel
und kann vom Wetter ebenso abhängen wie von der
Tagesform."

Ob Training oder Wettkampf, Benöhr legt Wert darauf, dass alles, was sie in ihrem Sport unternimmt,
Entspannung ist. So entspannend, dass sie während
der Wettkämpfe auch ohne Schlaf auskommt. „Beim
Dreifach-Triathlon handelt es sich ja nur um eine
Nacht, die man durchmachen muss – wenn die Konkurrenz stark ist, kann man darauf verzichten. Zwischen den Wettkämpfen muss man aber unbedingt
an eine sinnvolle Regeneration denken. Für mich kann
das bedeuten, dass ich nach einem Zehnfachen drei
Wochen lang gar nicht laufe und nur Rad fahre oder
schwimme. Auch 1.000 Meter Schwimmen kann sehr
entspannend sein."

Je kürzer die Distanz, desto eher liefe eine wie
Astrid Benöhr Gefahr, sich zu überfordern, zu sehr an-
zustrengen, die Grenzen zu ignorieren. Ihre Ausgegli-
chenheit findet sie, weil alles so lang dauert. „Man
kann den Körper nicht total überlisten", sagt sie, „und
der Biorhythmus ist nicht zu unterschätzen." Für sie
und ihren Sport gilt das Wort von der Entdeckung der
Langsamkeit. Während Wettkampf und Training darf
kein Stress aufkommen. „Das Schönste ist es, den
Wettkampf bewusst zu genießen", sagt sie, „Der Weg
ist bei dieser Sportart das Ziel." Und mit dem Rauchen hat sie immer noch nicht wieder angefangen.

Berichtet.
Triathlon in deutschen Medien

„Die Verrückten sterben doch nie aus." Der Satz von ZDF-Moderator Jochen Bouhs gilt in der Triathlonszene längst als legendär. Denn die meisten der scheinbar Verrückten werfen ihm vor, dass er in seiner Anmoderation für einen im Spätherbst 1982 ausgestrahlten Bericht über den Ironman Hawaii ziemlich tief in die Klischeekiste gegriffen hat. Ihre Wirkung haben die anschließenden Bilder in der ZDF-Sportreportage ganz offenbar aber nicht verfehlt: Viele deutsche Triathleten der zweiten Stunde nennen just diesen Bericht als Startzeichen für ihr eigenes triathletisches Tun. „Es war auch für mich die Initialzündung trotz der sensationsgierigen Aufmachung und dilettantischer Kommentierung", erinnert sich Gernot Braun in seinem Büchlein „Borderline": „Mit offenem Mund saß ich staunend vor dem Fernsehapparat."

Die Zeiten haben sich geändert – und sie haben sich verbessert für den Triathlon. „Zwar ist der Stellenwert nicht so extrem hoch, aber immerhin doch so hoch, dass es gewisse Pflichttermine gibt", sagt beispielsweise Thomas Hahn, der für Triathlon zuständige Redakteur der „Süddeutschen Zeitung" (SZ) in München. Über die Ironman-Wettbewerbe in Roth und auf Hawaii wird bei der SZ seit ein paar Jahren relativ umfassend berichtet, wobei besonderer Wert auf Hintergründiges gelegt wird. Dies gilt auch für die Konkurrenz der „Frankfurter Allgemeinen Zeitung" (FAZ), bei der sich gleich zwei Redakteure dem Thema Triathlon widmen. Was nichts daran ändert, dass Ralf Weitbrecht, einer von ihnen, die Sportart Triathlon „noch immer stiefmütterlich" in seiner Zeitung vertreten sieht. „Wenn man da in der Ressortkonferenz nicht kämpft, schafft man es mit Triathlon nicht ins Blatt", sagt er. Außerdem gehöre die Berichterstattung von Welt- und Europameisterschaften, im Gegensatz zu anderen olympischen Sportarten, noch immer nicht zum

▲ National und internationalen: Die Szene produziert eigene Fachblätter.

Standardrepertoire, selbst bei der auf umfassende Berichterstattung achtenden FAZ nicht.

Das trifft für die Regional- wie Lokalzeitungen noch verstärkt zu. Diese Blätter sind zum Großteil darauf angewiesen, ob und in welchem Umfang die Nachrichtenagenturen, in erster Linie Deutsche Presse Agentur (dpa) sowie Sportinformationsdienst (sid), von den einzelnen Veranstaltungen berichten. Die Highlights wie Hawaii oder Roth kommen mittlerweile auch hier vor, aber schon Welt- und Europameisterschaften, ganz zu schweigen von Weltcuprennen, finden sich, wenn überhaupt, irgendwo bei den Kurzmeldungen wieder.

Bei der Art der Berichterstattung fällt immerhin auf, dass Triathlon, auch die Langstrecke, mittlerweile als Sportart anerkannt ist und entsprechend behandelt wird, zumindest in den Sportteilen. Während noch vor ein paar Jahren mehr über Wahnsinn und Mythos schwadroniert wurde, steht heute, zumindest in den seriösen Blättern, eindeutig das Sportliche im Vordergrund. „Das wird nicht mehr als Außenseitersportart hingestellt, sondern ist richtige Sportberichterstattung", sagt etwa SZ-Mann Hahn.

Für das deutsche Fernsehen gilt das noch nicht so sehr. Dort, egal ob ZDF, ARD oder auch Eurosport, wo die staatlichen und öffentlich-rechtlichen Sender Europas ihre erworbenen Fernsehrechte abspielen, werden vor allem die Berichte über Hawaii meist noch nach dem gleichen Strickmuster gedreht: zuerst ein paar Bilder vom in der Hitze flimmernden Asphalt des Highways, dann ein paar sich im Wind biegende Palmen, schließlich ein Blick hinaus auf die Wellen des blauen Pazifiks, dazwischen verpackt, quasi als Dreingabe, das sportliche Event. Wenigstens wurde auf diese Weise in den letzten Jahren von Hawaii ausführlich berichtet; andere Wettbewerbe, Olympia ausgenommen, kamen auch im Fernsehen bisher weit weniger gut weg.

Wer sich grundlegend und regelmäßig über Triathlon informieren will, dem bleiben somit lediglich die Branchenfachblätter. Die monatlich erscheinende Zeitschrift

„Triathlet" berichtet ebenso ausschließlich wie umfassend über Tri- wie Duathlon, Gleiches gilt für das Verbandsmagazin „Triathlon", das allerdings nur vierteljährlich erscheint. Auch „Tour", das Radsportmagazin, räumt Berichten über die Sportart Triathlon regelmäßig Platz ein, auch deswegen, weil viele Triathleten die anerkannt hochwertigen „Tour"-Testberichte rund ums Fahrrad schätzen – und das Magazin schon deshalb kaufen und somit zur Zielgruppe der „Tour"-Macher gehören.

▲ Im Blickpunkt der Medien: die Ironmen.

Und es bleibt – in den letzten Jahren rapide wachsend – das Internet als gründliche und sehr gute Informationsquelle über Triathlon. Auf *www.triathlon-online.de*, auf der Verbandsside *www.dtu-ver.org* oder auf der privaten Side *www.3athlon.de* finden sich stets gute Informationen – mit allen Möglichkeiten, die das Internet bietet: Foren, wo Erfahrungen ausgetauscht werden können, Trainingstipps, die individuell zugeschnitten werden können etc.

Praxis
des Triathlon

Swim, bike, run.
Die Gewichtung der Disziplinen

Wo wird das Rennen entschieden? Welches ist die wichtigste und somit alles entscheidende Disziplin im Triathlon? Eine allgemeingültige Antwort auf diese Frage wird sich kaum finden lassen, zu sehr ist die Bewertung von individuellen Vorlieben und Veranlagungen bestimmt, vor allem aber auch von der Distanz. Das hat schon damit zu tun, dass beispielsweise das Schwimmen auf der Kurzstrecke gut 20 Prozent der kompletten Wettkampfzeit einnimmt, während es auf der Langstrecke lediglich rund 12 Prozent sind. Entsprechend kommt dem Schwimmen auf der olympischen Strecke eine weitaus höhere Bedeutung zu, wohingegen die radlerischen Fähigkeiten durch die Möglichkeit des Windschattenfahrens zusätzlich in den Hintergrund gedrängt werden. Entsprechend kommt in der Olympia-Variante dem Laufen eine deutlich entscheidende Rolle zu, was entsprechend auch im Training gewürdigt wird.

Ganz so einfach verhält es sich auf der Langstrecke keineswegs; bei den großen Wettkämpfen ist es bisher nur äußerst selten vorgekommen, dass der schnellste Schwimmer am Ende auch der beste Ironman war. Deutlich entscheidet sich das Rennen hier auf dem Rad oder beim Laufen, wo genau, scheint hingegen abhängig von Situation und Neigung des jeweiligen Athleten. Radler-Typen wie Thomas Hellriegel und Jürgen Zäck beispielsweise müssen zumindest eine Vorentscheidung bereits auf dem Velo suchen, während Läufertypen wie Luc van Lierde oder auch Lothar Leder sich bis zum Marathon Zeit lassen können, um letztendlich dort die Entscheidung herbeizuführen.

Die Zeit der
Ausreißer ist vorbei

Wobei die Leistungsunterschiede, zumindest in der Weltspitze, immer enger werden. „Heute muss man in allen drei Disziplinen gut sein, um vorne landen zu können, und mindestens in einer Disziplin besser als die Besten", umschreibt Thomas Hellriegel diese Tatsache. Welche Disziplin, sei letztendlich egal, wobei zu seinem eigenen Leidwesen in den letzten Jahren vor allem in seiner Paradedisziplin, dem Radfahren, die Spitze extrem eng zusammengerückt ist. Die Zeiten, in denen ein oder zwei Ausreißer bis zu zehn Minuten Vorsprung auf dem Rad herausfahren konnten, scheinen vorbei. Und schon deshalb wird der abschließende Marathon immer mehr zum entscheidenden Faktor. Solche Aspekte ins Training einfließen zu lassen, ist keineswegs leicht und hat schlichtweg auch etwas mit Zeitmanagement zu tun. Ganz nach dem Motto: Was muss ich in welcher Disziplin wie lange investieren, um letztendlich eine entscheidende Verbesserung erzielen zu können? Und: Wo habe ich meine Grenzen, wenn überhaupt, bereits erreicht?

Genau dies ist nach wie vor auch für die Weltspitze ein Tanz auf dem Hochseil. Was bringt es dem guten Läufer, wenn er plötzlich verstärkt Rad trainiert, dort Verbesserungen erzielt, dann aber plötzlich und völlig überraschend beim Laufen schwächelt? Was bringt es, einen extrem erhöhten Zeitaufwand fürs Schwimmen zu verwenden, der am Ende vielleicht eine Verbesserung von einer Minute bringt – und somit kaum im Verhältnis zum investierten Aufwand steht?

Letztendlich muss ein jeder Triathlet für sich selbst das richtige Maß herausfinden, weil jeder Sportler andere Vorlieben und Veranlagungen hat – und eine andere Entwicklungsstufe. So kann sich ein schlechter Schwimmer freilich noch relativ leicht und mit vergleichsweise wenig Aufwand wesentlich verbessern, Gleiches gilt für Schwä-

chen beim Radfahren oder Laufen. Ab einem bestimmten
Grundniveau aber gilt es stets darauf zu achten, die
Waage zu halten, will heißen: Stärken als Stärken zu behalten und auszubauen, kleinere Schwächen aber nach
und nach zu schließen. Entsprechend setzt Lauf-Ass Lothar Leder, der auf Hawaii schon mehrfach einen möglich
scheinenden Sieg vorzeitig mit einer schlechten Radleis-
tung verpasst hat, derzeit mehr aufs Radtraining. 60 Prozent Rad, 30 Prozent Laufen, 10 Prozent Schwimmen, so
hat sich der Darmstädter sein Training beispielsweise in
der Saison 2001 aufgeteilt. Was er damit erreichen will, ist
klar: Den Abstand auf dem Rad durch eine verbesserte
Leistung möglichst gering halten, anschließend aber nach
wie vor eine der besten Marathonzeiten folgen lassen.
Wenn ihm das gelingt, ist ein Leder in Normalform garantiert bei jedem Ironman dieser Welt auf dem Treppchen.

Nass los. Technik und Training des Schwimmens

Die erste Disziplin beim Triathlon ist das Schwimmen. Ob Sie brustschwimmen oder kraulen, ist Ihnen überlassen. Brust ist oder war zumindest in Deutschland die verbreitetste und im Kindesalter meist zuerst gelehrte Schwimmdisziplin. Sie ist aber auch die technisch anspruchvollste, die langsamste und zudem die mit den meisten Fehlern betriebene Disziplin.

Nicht ohne Grund werden bei den Wettkampfschwimmern, den Spezialisten also, die langen Strecken nur im Kraulstil absolviert, und mit dem Brustschwimmen hört es bei denen schon nach 200 Metern auf.

Wer also irgendwann in der Kindheit, der Jugend oder im Erwachsenenalter das Kraulen gelernt hat, diese Technik aber nach eigener Einschätzung nur rudimentär beherrscht, sollte sein Schwimmtraining ganz wesentlich zur Verbesserung der Kraultechnik einsetzen.

Das hat zwei Vorteile. Zum einen verbessert sich die Technik und somit die Ökonomie des Krafteinsatzes: Man kommt mit weniger Aufwand schneller im Wasser vorwärts. Zum andern ist Kraulen auch die Technik, in der die größten Mengen an Trainingskilometern absolviert werden können: Das Ausdauertraining, das ja für Triathleten beinahe das Ein und Alles ist, intensiviert sich auf diese Weise gleich mit.

Kraularmzug

Kraulen ist eine Wechselschwimmart. Ist der eine Arm vorne, kommt der andere gerade hinten aus dem Wasser heraus. Befindet sich der eine Arm gerade angewinkelt unter dem Körper und sorgt so für das Vorwärtskommen im Wasser, ist der andere – angewinkelt und locker – über dem Wasser und wird nach vorne geschwungen. Ebenso bei den Beinen: Ist der eine Fuß gerade oben, um gleich mit dem kräftigen und den Vortrieb besorgenden Beinschlag zu beginnen, hat der andere diesen Schlag gerade beendet und wird locker wieder hoch geführt. Die nun folgende Bewegungsbeschreibung des technisch richtigen Kraulschwimmens orientiert sich zunächst nur an einem Arm, denn – wie gesagt – der andere macht das Gleiche, nur zeitversetzt.

Stellen Sie sich hin. Stellen Sie sich vor, so wie Sie gerade im Raum stehen, lägen sie im Wasser, Ihre Schwimmrichtung ginge nach oben, zur Decke. Strecken Sie einen Arm ganz gerade nach oben. Die Hand und die Finger sind mitgestreckt, aber die Schulter bleibt beinahe gerade, geht nur wenig mit hoch. Stellen Sie sich vor, dass dieser Arm, den Sie gerade nach oben gestreckt halten, gerade jetzt ins Wasser eintaucht. Schließlich wollen Sie ja Richtung Decke oder Himmel schwimmen.

Nun folgt der Kraularmzug, der sich in vier Phasen einteilen lässt: Wasserfassen, Zug, Druck, Überwasser.

▶ Erstens: Wasserfassen. Die Hand taucht ins Wasser, der Arm folgt. Die Hand krümmt sich, so dass sie quer zur Schwimmrichtung steht.

Der Vortrieb beim Schwimmen besteht nämlich zu einem wichtigen Teil aus einem Umstand, den man als „Abdrücken-vom-Wasser" bezeichnen könnte. Während sich der Läufer von einer sehr dichten Masse, dem Boden, abdrückt und sich ihm nur eine sehr lockere Masse als Widerstand entgegenstellt, die Luft, muss sich der Schwimmer von der nicht ganz so dichten Masse Wasser abdrücken und gleichzeitig gegen den Widerstand gegen die auf einmal sehr dicht erscheinende Masse Wasser bewältigen. Also zieht und drückt der Schwimmer entgegen der Schwimmrichtung. Das geht zur zweiten Phase des Kraularmzugs.

▶ Zweitens: Zug. Die Hand und mit ihr der Arm wird nach hinten geführt. Sie geht zunächst leicht nach außen.

▶ Drittens: Druck. Wurde die Hand bis unter die Schulterpartie geführt, wird ab jetzt gedrückt, und zwar wieder entgegen der Schwimmrichtung. Sie wird von außen nach innen, unter den Bauch geführt, und geht wieder leicht nach außen – bis sie neben dem Oberschenkel das Wasser verlässt.

In der Zug- und Druckphase bildet, vom Schwimmer aus betrachtet, die linke Hand die Form des Buchstabens S nach, die rechte Hand die Form eines Fragezeichens oder gespiegelten S.

Es ist zunächst ein einfaches actio-reactio-Prinzip. Auf die Aktion (Zug bzw. Druck der Hand und des Armes entgegen der Schwimmrichtung) erfolgt die Reaktion (Vorwärtsbewegung des Körpers durchs Wasser). Hinzu kommen noch andere Antriebs- und Auftriebskräfte des Körpers, die hier zu erläutern zu weit führte.

Ist die Hand am Oberschenkel angekommen und verlässt das Wasser, beginnt die vierte Phase.

▶ Viertens: Überwasserphase. Der Arm wird, locker und leicht angewinkelt, so dass der Ellenbogen der höchste Punkt ist, nach vorne geschwungen. Die Überwasserphase dient nicht nur dem einfachen Umstand, dass es weitergehen kann, die Hand also wieder eintaucht und die Fortbewegung konstant bleibt. Die Überwasserphase dient auch der kurzfristigen Entspannung des Arms und seiner Muskulatur.

Das eiserne Trainingsprinzip des steten Wechsels von Belastung und Erholung gilt auch im kleinen Ablauf der sportlichen Technik. Eine Nonstop-Dauerbelastung des Armes könnte die Muskulatur nicht über einen längeren Zeitraum bereitstellen.

In unserer Trockenübung stehen Sie immer noch oder schon wieder im Raum. Imitieren Sie nun die vier Phasen des Kraularmzugs und stellen Sie sich dabei vor, Sie wollten zur Decke oder zum Himmel schwimmen.

Kraul-Beinschlag

Der Kraulbeinschlag kommt nicht, wie oft zu sehen, aus dem Unterschenkel, sondern aus der Hüfte: Geschwungen wird also das ganze Bein, die Füße sind dabei leicht nach innen gedreht, so dass der Spann eine richtig große Abdruckfläche vom Wasser bietet.

Es kommt beim Kraulbeinschlag – wie übrigens beim Armzug auch – nicht unbedingt auf eine hohe Frequenz an. Schwimmspezialisten unterscheiden zwischen einem Sechser- und einem Zweierbeinschlag: Da werden auf ei-

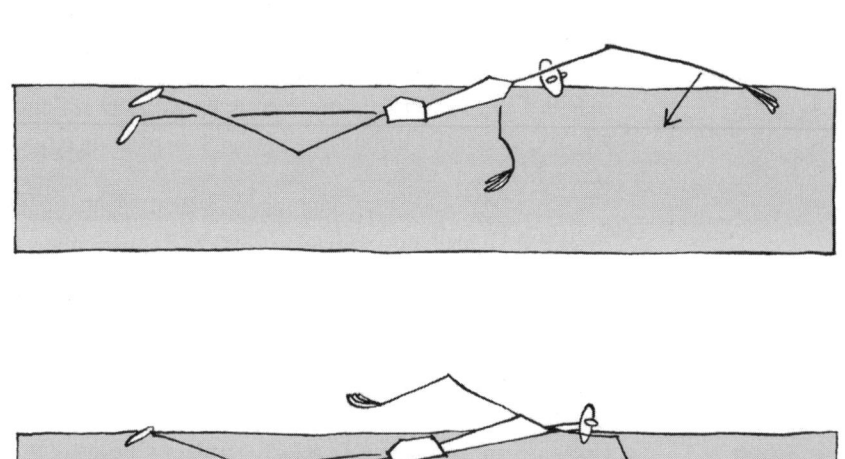

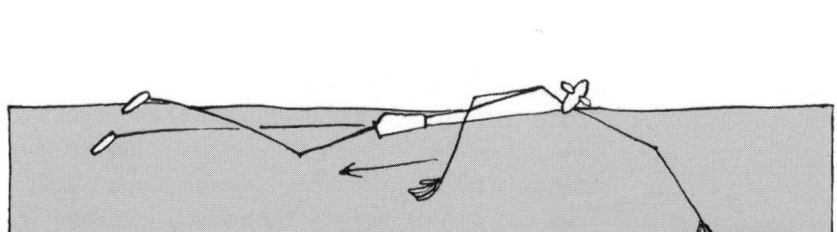

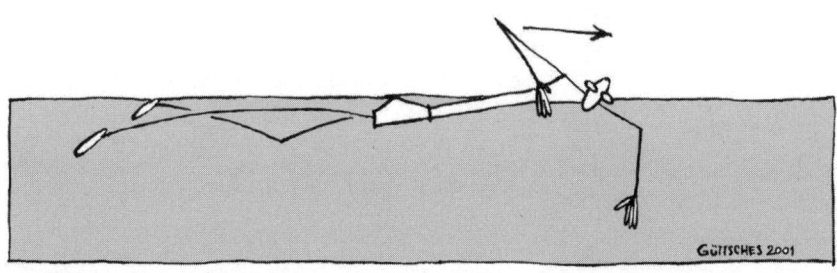

▲ Der Bewegungsablauf beim Kraulen.

nen Armzyklus sechs Beinschläge (also auf die oben beschriebene Bewegung eines Armes drei Beinschläge) gemacht. Oder es werden auf einen Armzyklus zwei Beinschläge (also auf die oben beschriebene Bewegung einer) gemacht.

Gerade Langstreckler, egal ob sie, wie die Hallenbadspezialisten, als längste Strecke 1.500 Meter absolvieren oder sich dem Freiwasser-Marathonschwimmen verschrieben haben, wenden meist den Zweier-Beinschlag an, der nicht unbedingt uneffektiver ist als der etwas mehr spritzende Sechser-Beinschlag.

**Übungen
im Wasser**

Und nun ab ins Wasser. Es folgen ein paar Übungen, die Sie ohne fremde Anleitung, also auch ohne Trainer, tätigen können, um Kraulschwimmen zu lernen oder Ihre Technik zu verbessern. Nicht mehr gen Himmel wird also imitiert, sondern richtig geschwommen – in Richtung der anderen Beckenseite.

Stoßen Sie sich kräftig von der Wand ab, gleiten Sie, indem alle Glieder angespannt sind. Beginnen Sie jetzt mit Kraulbeinschlag, ruhig und kräftig. Wenn Sie atmen müssen, heben Sie einfach den Kopf. Beginnen Sie nun mit dem Armzug, ruhig und kräftig. Ihr Kopf liegt so im Wasser, dass die Stirn die Grenze bildet: das vordere Haarteil ist über dem Wasser, das Gesicht unter Wasser.

Sie schwimmen nun mit kräftigem Beinschlag – im Training können Sie auch manchmal Flossen einsetzen – und mit ruhigem Armzug oder -druck durchs Wasser. Alles geht ruhig, Sie haben Zeit, sich auf die Wasserfassphase, die Zugphase, die Druckphase und die Überwasserphase zu konzentrieren.

Hier ein paar Übungen, die Sie im Wasser machen können. Es bietet sich an, zu Beginn jeder Trainingseinheit ein paar Technikübungen zu machen. Zu Beginn deshalb, weil dazu mehr als zum Ausdauertraining die Konzentration benötigt wird und Sie am Anfang noch nicht ermüdet sind. Und weil Sie die Übungen, die Sie sich gezielt vorgenommen haben, in der weiteren Trainingseinheit berücksichtigen können. Diese Übungen können eine Bahn lang angewendet werden, oder auch 100 Meter. Machen Sie sie ohne Zeitdruck und so lange, bis sie den Bewegungsablauf verinnerlicht haben.

1. Lassen Sie eine Hand vorne liegen und machen sie den kompletten Zyklus nur mit einem Arm. Die beschäftigte Hand schlägt die vorne liegende ab. Dann beginnt diese den kompletten Zyklus. So können Sie sich besser auf den korrekten Armzug konzentrieren.

2. Schwimmen Sie so, dass Sie bei der Überwasserphase mit dem Daumen die Achselhöhle berühren. So sorgen Sie dafür, dass der Arm angewinkelt (Ellenbogen als höchster Punkt) nach vorne geführt wird.

3. Schwimmen Sie, indem Sie sich übertrieben stark um die Körperlängsachse drehen. Dabei kommt der Kopf gut aus dem Wasser und Sie können ohne Probleme atmen. Sie atmen ein, wenn Sie den Kopf zur Seite gedreht haben, Sie atmen durch die Nase und den Mund aus, wenn Ihr Kopf nach unten zeigt.

4. Schwimmen Sie so, dass Sie auf jeden vierten Armzug atmen (also nach jedem zweiten auf einer Seite).

Schwimmen Sie anschließend so, dass Sie auf jeden dritten Armzug atmen. Schwimmer nennen das die Dreieratmung, und viele wenden sie im Wettkampf an (Sie atmen dabei abwechselnd nach links und nach rechts).

5. Die Übungen 1 bis 4 können Sie auch mit Flossen durchführen.

6. Schwimmen Sie, indem Sie das erste Mal mit der Hand sehr weit vorn ins Wasser eintauchen, das zweite Mal gerade vor der Schulter ins Wasser eintauchen und das dritte Mal sehr weit innen (vor dem Kopf oder gar auf die andere Seite vor dem Kopf) ins Wasser eintauchen. Das hilft Ihnen, ganz ohne Trainer, ein Gefühl dafür zu bekommen, wo Ihr bester Eintauchpunkt ist (gerade nämlich, und möglichst weit vorne).

7. Schwimmen Sie so, dass nach der Druckphase, wenn die Hand aus dem Wasser kommt, der Oberschenkel noch mit dem Daumen berührt wird. So erhalten Sie ein Gefühl dafür, dass Ihr Armzug/druck weit genug nach hinten geführt wird.

Ein triathlonspezifisches Schwimmproblem ist die Orientierung. Weiß der Wettkampfschwimmer, dass nach 25 oder 50 Metern die Wand kommt und er die technisch anspruchsvolle Wende vollführen muss, kann sich der Triathlet – sofern sein Wettkampf in einem See oder anderem Freiwasser stattfindet – dies zwar schenken, aber er muss sich im Wasser ab und zu orientieren, ob er noch in die richtige Richtung schwimmt.

Einen Moment anhalten und sich vergewissern, hat schwimmerisch den Nachteil, dass das Tempo raus ist und mit größerem Krafteinsatz neu begonnen werden muss. Auch der Schwimmer muss das physikalische Gesetz der Trägheit der Masse überwinden: Ein Körper (stellen Sie sich als Beispiel ein anzuschiebendes Auto vor) muss erst mit viel Kraftaufwand in Bewegung gebracht werden. Bewegt er sich mit konstanter Geschwindigkeit, genügen wesentlich geringere Kraftanstrengungen, um diesen Körper in Bewegung zu halten – die Trägheit der Masse ist überwunden.

Es bietet sich für den Triathleten an, ab und zu – immer wenn ihm danach ist – in eine Kraultechnik zu verfallen, wie sie Wasserballer anwenden, wenn sie zum einen schnell zu einem bestimmten Punkt des Feldes schwimmen müssen, zum anderen aber den Überblick über das Geschehen bewahren wollen. Sie schwimmen mit gehobenem Kopf – das ist kraftraubender, als wenn ihr Kopf im Wasser läge, denn je höher der Kopf, desto mehr wird der übrige Körper nach unten gedrückt und bietet entsprechend größeren Wasserwiderstand. Aber es kostet doch nicht so viel Kraft, als wenn man anhalten und wieder beginnen würde.

Eine andere Möglichkeit der Orientierung bietet sich für die nicht so guten Krauler an: Einfach zwischendurch ein paar Meter in der Brustlage schwimmen, schauen, wo die Boje oder das Ziel ist, und dann wieder – entsprechend eingenordet – das Kraulschwimmen aufnehmen.

Wer im Triathlon brustschwimmt, hat gegenüber dem Kraulschwimmer den Vorteil der besseren Sicht und Orientierung. Das ist es aber schon. Andere Vorteile gibt es nicht, nur Nachteile.

Warum nicht brustschwimmen?

Mit der Brusttechnik sind Sie entweder recht langsam, oder Sie verschleißen Ihre Kräfte so schnell, dass Sie die Triathlon-Schwimmstrecke keinesfalls durchhalten würden.

Wenn Sie aber partout nicht kraulen mögen oder es nie gelernt haben oder sich im Bruststil einfach wohler fühlen – schwimmen Sie ohne ein schlechtes Gewissen ruhig weiter Brust. Aber verzichten Sie darauf, Ihre Brustschwimmtechnik zu verbessern. Das macht keinen Sinn und würde nicht klappen.

Die Technik, wie sie in den Büchern (auch einigen Triathlon-Ratgebern) gelehrt wird, ist nämlich nicht die, welche Sie über die längere Schwimmstrecke eines Triathlons – und sei es nur ein kurzer – durchhalten werden. Diese Technik, die dafür sorgt, dass Weltklassebrustschwimmer mit ihrem Oberkörper mal weit aus dem Wasser kommen, dabei die Arme beinahe übers Wasser nach vorne werfen, und dann wieder beinahe abtauchen, ist derart kraftintensiv, dass Sie sicher sein können: Auch ein Weltklassebrustschwimmer würde so nicht schwimmen, wenn er einen Triathlon zu bewältigen hätte. Glauben Sie: Dieser Mann würde kraulen.

Also: Auch wenn Sie lieber brustschwimmen, probieren Sie im Training ruhig ab und an mal die Grobformen des Kraulschwimmens aus. Nicht ohne Grund gilt Kraulen als die einfachste, ökonomischste und schnellste Schwimmart. Und Brustschwimmen ist nicht nur die langsamste und unökonomischste Technik. Bei Schwimmtrainern gilt richtiges Brustschwimmen, das einigermaßen schnell ist, auch als schwieriger zu lehren als beispielsweise Delphin/Schmetterling-Schwimmen.

Hilfsmittel

▲ Wichtigstes
Utensil ist die
Schwimmbrille.

Zur leichteren Orientierung im Wasser hilft es – gleich-
gültig, welche Technik Sie anwenden –, mit Schwimmbrille zu starten. Beim Training in der Schwimmhalle
schützt sie vor dem Chlor, und beim Schwimmen im See
sieht man Hindernisse (seien es Algen, andere Athleten
oder Bojen) eher.

Als Schwimmanzug bietet sich ein Neoprenanzug an,
der bei den meisten Triathleten die alte Badehose oder
den Badeanzug abgelöst hat. Das geschieht meist wegen
der eher kälteren Temperaturen des Wasser bei Triathlon-Wettkämpfen. Aber auch immer mehr Spezial-
schwimmer treten bei ihren Hallen- oder Freibad-Wett-
kämpfen mit einteiligen Ganzkörperanzügen an. Probieren Sie einfach aus, was Ihnen am besten bekommt. Die
meisten Triathlen benutzen ohnehin den für alle drei Disziplinen einsetzbaren Einteiler.

Eine Schwimmkappe soll tragen, wer sich mit ihr
wohler fühlt. Out sind Stoffkäppis, wie sie noch in den
Siebzigern getragen wurden: Die verliert man nur, und
sie bewirken gar nichts. Die Hauptfunktion einer
Schwimmkappe ist, dass längere Haare weggesteckt werden und nicht ins Gesicht hängen. Geringeren Wasserwiderstand verschaffen Schwimmkappen nicht.

Wer sich wohler fühlt ohne eine Schwimmkappe, beispielsweise das frische Wasser in den Haaren mag, soll sie
einfach weglassen. Ihm entsteht normalerweise kein Vorteil und kein Nachteil. Bei kaltem Wasser allerdings sollte
berücksichtigt werden, dass ein Großteil der Körper-
wärme durch den Kopf verschwindet und dass sich da
eine Neopren-Schwimmkappe anbieten könnte.

Allerdings dienen bei den allermeisten Triathlon-
Wettkämpfen die Schwimmkappen als Träger der Startnummern – in so einem Fall haben Sie nicht mehr die
freie Auswahl, ob Sie eine tragen wollen oder nicht.

Gegen die Kälte sollten Sie sich vor einem Start (aus
hygienischen Gründen aber nicht vor dem Training im
Hallenbad) mit Körperschutzcreme einschmieren.

Hock'n Roll. Technik und Training des Radfahrens

Radfahren kann doch jeder. Denkt man: Lenker greifen, aufs Fahrrad schwingen und in die Pedalen treten. Anders als Schwimmen ist Radfahren in der Tat technisch nicht so anspruchsvoll, aber ein Triathlon bietet in der Regel ein sehr abwechslungsreiches Streckenprofil, so dass beim Vergleich mit täglichem Stadtradeln letztlich nicht mehr viele Gemeinsamkeiten auftreten.

In den letzten Jahren hat sich in der Fahrradtechnik, vor allem durch das Aufkommen der Moutainbikes, viel verändert. Für Triathlon eignet sich entweder – bei Anfängern – beinahe jedes Rad oder – bei Spezialisten – ein besonderes Triathlonrad.

Das Rad, Auswahl und Einstellungen

Legen Sie große Sorgfalt auf die genaue Einstellung des Rades: Am wichtigsten ist die Sattelhöhe, danach erfolgt die Sattelneigung, die Sattelstellung, die Pedalhöhe, die Sitzlänge und die Kurbellänge.

Zur Sattelhöhe schreibt der Sportwissenschaftler Achim Schmidt, „dass eine niedrigere Sattelhöhe und damit geringere Kniestreckung bei hohen Tretfrequenzen vorteilhafter ist, während sich die höhere Position bei niedrigeren Tretfrequenzen mit entsprechend hohem Krafteinsatz als günstiger erweist. Straßenfahrer werden eine mittlere Position wählen, da an sie recht unterschiedliche Belastungsanforderungen gestellt werden." Da der Triathlet, anders noch als der Straßenfahrer, sich auf eine möglichst gleichmäßige Bewältigung einer langen Distanz einstellen muss und nicht etwa auf einen Spurt im Hauptfeld orientiert ist, bietet sich für ihn eine eher niedrige Sattelhöhe an.

Um dies genau zu ermitteln, gibt es die so genannte Hüggi-Methode: Erst wird die Beinlänge bestimmt, indem man sich barfuß an eine Wand stellt, dann wird in genauer Höhe des Schritts eine Markierung an der Wand angebracht (z.B. mit einem Buch). Die Höhe wird gemessen und mit 0,893 multipliziert: Dann erhält man die Sattelhöhe (gemessen wird der Abstand zwischen Satteloberkante und der Kurbelmitte oder Tretlagermitte).

Die übrigen Einstellungen sind leichter zu bewältigen: Die Sattelneigung sollte null betragen, also waagerecht zum Boden. Die Sattelstellung sollte so sein, dass sich ein von der Sattelspitze herunterhängendes Lot etwa zwei bis fünf Zentimeter hinter der Tretlagermitte befindet. Die Lenkerhöhe – Triathleten bauen sich meist den mit einer Unterarmstütze versehenen Triathlonlenker ein – sollte genau zwischen möglichen Rückenproblemen (wenn der Lenker zu tief ist) und einer schlechten Aerodynamik (wenn der Lenker zu hoch ist) austariert werden. Die Pedaleinstellung ist sehr wichtig; diese sollten Sie im Fachgeschäft mit genauer Beratung durchführen.

Schludern bei der Einstellung des Fahrrades, unabhängig davon, ob Sie ein eher billiges Trekkingrad oder eine hochpreisige Triathlonmaschine erworben haben, sollten Sie auf keinen Fall: Sie hocken schließlich etliche Stunden wöchentlich auf dem Rad, und da könnte falsches Sitzen nicht nur sportliche Nachteile, sondern vor allem Haltungsschäden und andere Beschwerden mit sich bringen.

Eine triathlonspezifische Besonderheit ist der schon erwähnte Triathlonlenker, den Sie sich gesondert einbauen sollten. Er ermöglicht es, dass Sie, ohne allzu sehr gebückt zu sein, über einen längeren Zeitraum ihre Unterarme auflegen können und, weil Sie ihn in der Mitte, wo er nach oben gebogen ist, anfassen, bringt er Sie auch in eine gute aerodynamische Haltung. Er verhindert allerdings, dass die ganze Bandbreite, die Straßenradspezialisten anwenden – unterschiedliche Lenkerhaltung am Berg, auf Kopfsteinpflaster, bei der Abfahrt etc. – in vollem Umfang angewendet werden kann. Da aber die Streckenprofile bei Triathlon-Wettkämpfen meist eher flach sind – und im Training noch eher –, hat sich diese Triathlon-Besonderheit bewährt.

Aus Gründen der Aerodynamik (und weil Sie ja nicht,

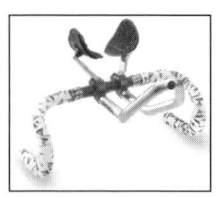

▲ Triathlon-Lenker

◄ Natascha Badmann, Hawaii-Siegerin 1998 und 2000, fährt mit aufgestützten Unterarmen in aerodynamisch günstiger Haltung.

wie ein Tour-de-France-Profi, ein Verpflegungsauto mit integriertem Verteidigungsminister im Rücken haben) sollten Sie Ihre Radflaschen hinter dem Sattel montieren und eventuell ein Trinksystem mitführen.

Hilfreiche Accessoires beim Radfahren sind Sonnenbrille, Reparaturwerkzeug und Reserveschläuche, etwas Ess- und Trinkbares. Unabdingbar ist ein Helm.

Der runde Tritt und die aerodynamische Sitzhaltung zeichnen vor allem die richtige Radtechnik aus.

Die Fahrt, Technik des Radfahrens

Eine wichtige Besonderheit zeigt Achim Schmidt auf: „Mit Hilfe des auf dem Pedal fixierten Fußes beim Rennpedal ist nicht nur ein Treten, also eine Kraftausübung von oben nach unten möglich, sondern auch ein Schieben, Drücken und Ziehen, was der Hobbyradler mit seinen herkömmlichen Pedalen nicht vermag." Tritt man also auf einem herkömmlichen Rad mal mit links, mal mit rechts die Pedale runter, unterstützt der Rennfahrer, wozu auch der ambitionierte Triathlet zählt, diese Tretbewegung, in dem er mit dem anderen Fuß die Pedale hochzieht. So benutzt er auch die Muskelgruppe der Beuger in Knie und Hüfte, und er entlastet die Strecker. Dies ist der so genannte runde Tritt.

Zu einer guten Fahrttechnik – die Radprofis sprechen auch von Pedalieren – gehören auch das recht enge

Führen der Beine am Rahmen und das möglichst ruhige Halten des Kopfes und Oberkörpers. Alle unnötigen Bewegungen sind zu vermeiden, sie ermüden und bringen keinen Vorteil.

Fahren im Windschatten

Die größte Besonderheit des Triathlons ist das erwähnte Windschattenverbot auf der Langstrecke. Auf der Kurzstrecke, wo das Fahren im Windschatten der Kollegen erlaubt ist und praktiziert wird, muss es auch im Training geübt werden. Sowohl hintereinander als auch, wenn der Wind von der Seite – Kante sagen die Radsportler – kommt, dann wird seitlich versetzt in Gruppe gefahren.

Kurz-Triathleten sollten diese Techniken beherrschen, denn beim Windschattenfahren werden wesentlich höhere Geschwindigkeiten erzielt, was zugleich höhere Anforderungen an die Technik stellt und die Sturzgefahr erhöht, vor allem weil die Abstände zwischen den Fahrern sehr niedrig sind und sein sollen.

Im Windschatten liegen der Sauerstoffbedarf und damit die Kreislaufbelastung des Fahres deutlich niedriger. Bei einer Geschwindigkeit von 30 Stundenkilometern ist sie um 18 Prozent niedriger als im Wind, bei 40 Stundenkilometern schon um 27 Prozent. Fährt man bei 40 Stundenkilometern in einer großen Gruppe, liegt sie sogar um 39 Prozent niedriger, als führe man einzeln im Wind.

Fährt man im Training oder eben im Kurztriathlon in kleiner Gruppe im Windschatten, sollte man auf dauernden Führungswechsel achten. Im Radsport hat sich der Begriff „Lutscher" eingebürgert für die Fahrer, die keine Führungsarbeit leisten wollen, und erfahrene Athleten nutzen windige Stellen der Strecke, um den hinten fahrenden „Lutscher" auf die Windkante zu nehmen und zugleich das Tempo ein wenig zu erhöhen. Schon damit Sie nicht Ziel einer solchen Attacke werden, sollten Sie sich kollegial an der Führungsarbeit beteiligen.

▲ Profis fahren mit speziellen Triathlon-Rädern.

▪ Porträt: Udo Bölts
Der Spezialist

Udo Bölts denkt noch heute gerne zurück an jenen Tag im Oktober des Jahres 2000 und an das Abenteuer, das er da bestand. Bölts schwamm an diesem Tag, es war der 14. Oktober, 3,8 Kilometer im Pazifik und brauchte dafür 1:18 Stunden, er fuhr danach 180 Kilometer Rad und hatte das nach 4:42 Stunden hinter sich gebracht, und schließlich lief er noch einen Marathon, den ersten in seinem Leben, in knapp unter vier Stunden. Am Ende überquerte der damals 34-jährige Udo Bölts nach 10:02 Stunden den Zielstrich in Kailua Kona und war – ein Ironman.

Selten zuvor hat ein deutscher Athlet, der garantiert nichts mit dem Sieg auf Hawaii zu tun haben würde, schon im Vorfeld für so viel Aufsehen erregt wie dieser Udo Bölts. Seit elf Jahren war der Mann aus Heltersberg in der Nähe von Kaiserslautern zu jener Zeit Radprofi beim Team Deutsche Telekom, neunmal in dieser Zeit hatte er die Tour de France durchfahren, dabei Jan Ullrich sowie Bjarne Rijs zum Tour-Sieg verholfen. Da ist es in der Tat etwas Besonderes, wenn so ein Topathlet das Genre wechselt – schließlich hat er seit seinem 13. Lebensjahr nichts anderes gemacht als Radrennen zu fahren, und seit 1989 ist er Profi.

Bölts war von den neuen Kollegen beeindruckt. „Ich ziehen meinen Hut vor den Triathleten", erzählte Bölts in den Tagen vor und nach seinem Rennen immer wieder, was ihm viel Sympathien einbrachte – und beste Werbung war für den Triathlon hier zu Lande. Selbst der „Spiegel" konnte da nicht mehr anders als über Hawaii und Bölts zu berichten; „Schmerzsuche im Pazifik" überschrieb das Nachrichtenmagazin seinen Beitrag.

Ein bisschen Schmerzen hatte Bölts dann in der Tat zu durchleben: Beim Schwimmen verspürte er Krämpfe die Beine hochkriechen, die Laufstrecke schien ihm manchmal endlos. „Der Herrgott und meine Psyche haben mich ins Ziel gebracht", verkündete er später. Und ein bisschen war es wohl auch Bölts kluge Herangehensweise an das Abenteuer. Denn die allgemeinen Erwartungen zu erfüllen, dazu ließ sich der Radprofi nicht hinreißen. „Der Streckenrekord interessiert mich nicht", versicherte er schon vor dem Rennen all denen, die ihn auf dem Rad flotter als 4:24,50 Stunden erwarteten – und damit besser als die Radbestzeit von Thomas Hellriegel. „Warum sollte ich beim Radfahren alles geben und anschließend den Marathon nicht mehr durchstehen?", entgegnete Bölts auf entsprechende Spekulationen.

Damit handelte Bölts auch im Sinne der Sportmedizin völlig korrekt und klug. „Die Kunst beim Triathlon", erklärt Dr. Martin Huonker, Sportmediziner an der Freiburger Universitätsklinik, „ist es, sich die körperlichen Ressourcen exakt einzuteilen – und das möglichst gleichmäßig." Als Radprofi kenne Bölts eine solche Situation prinzipiell vom Zeitfahren her, dort allerdings selten über eine Distanz von 60 Kilometern. Auch Jens Geist, Leitender Trainingswissenschaftler am Olympiastützpunkt München, weist auf die besondere Belastung hin, die einen Spezialisten wie Bölts erwartet, wenn er sich plötzlich dem Dreikampf widmet: „Von der Ausdauergrundlage und dem Stoffwechsel her" habe ein Profi wie Udo Bölts einen Ironman prinzipiell drauf, dennoch garantiere das nicht das Finishen. „Es handelt sich dabei um ganz andere muskuläre Anforderungen als die gewohnten", so Geist. „Hauptproblem sind die Technik und die muskuläre Vorbereitung", fasst der Trainingswissenschaftler zusammen: „Es werden da ganz neue Reize gesetzt, die der Körper erst einmal akzeptieren muss."

„Was nützt mir das Wissen um meine anaerobe Schwelle, wenn ich bei einem Rennen am Feld dranbleiben muss?" hatte Bölts noch Mitte der neunziger Jahre gelästert, „Triathleten, die allein fahren, können es sich vielleicht leisten, darauf zu achten."

Bölts' Körper hat die Umstellung akzeptiert, auch weil er es so unbedingt wollte. Ans Aufgeben hatte der Telekomprofi ohnehin nie gedacht. „Notfalls gehe ich die letzten 20 Kilometer zu Fuß", hatte Udo Bölts schon vor dem Start angekündigt. Das war dann nicht nötig.

▲ Profi auch beim Radwechseln: Udo Bölts.

Run the rest.
Training und Technik des Laufens

Der Marathon steht am Ende des triathletischen Wettbewerbs, und schon dieser Umstand demonstriert, welcher immensen körperlichen Belastung sich Triathleten aussetzen: Während es dem Heer der Freizeitläufer als (zu) große Herausforderung erscheint, ausgeruht einen Stadtmarathon zu bestehen, gehen Langstrecken-Triathleten die 42 Kilometer mit einer bereits absolvierten sechsstündungen Dauerbelastung ihres Körpers an. Vermutlich gilt aber für alle Marathon-Läufer dieselbe Regel, wenn sie erst einmal auf der Piste sind: Ab einem gewissen Punkt läuft man nicht mehr, dann lässt man es laufen.

Technik des Laufens

Ein starres Leitbild, wann man von einem ökonomischen Laufstil sprechen kann, und welcher Laufstil strikt abzulehnen ist, existiert nicht. Weil Laufen zu Recht als natürlichste Fortbewegungsform des Menschen gilt und – anders als Schwimmen oder Radfahren – nicht im Kindes- und Jugendalter gezielt gelehrt wird, verfügt jeder Mensch über seinen eigenen Laufstil.

Während der leichtathletische Sprinter mit dem Fußballen aufsetzt, rollt der Langstreckenläufer quasi ab. Genauer: Er tritt mit der Außenkante der Ferse auf den Boden, kippt nach innen, so dass der Fuß kurzfristig ganz aufgesetzt ist, und rollt dann nach vorne ab. Die Füße werden etwa parallel zur Laufrichtung aufgesetzt.

Wissenschaftler der Sporthochschule Köln haben den Laufvorgang in verschiedene Phasen unterteilt.

▶ Erstens: Hintere Stützphase. Der Fuß ist zunächst noch geradlinig auf dem Boden und rollt dann ab: Man drückt sich quasi mit den Zehen zuletzt vom Boden ab. Der Rumpf ist in leicht vorgebeugter aber immer noch aufrechter Haltung, die Arme schwingen rechtwinklig.

▶ Zweitens: Hintere Schwungphase. Da berührt kein

Fuß die Erde. Sie dient der Entspannung, analog des auch hier geltenden Grundsatzes des steten Wechsels von Belastung und Erholung. Der Unterschenkel wird hochgeschwungen, manchmal bis zum Gesäß.

► Drittens: Vordere Schwungphase. Auch hier ist der Körper noch in der Luft. Ein Bein wird nach vorne geschwungen, das Knie wird gehoben, so dass der Oberschenkel fast senkrecht steht, die Landung wird vorbereitet.

► Viertens: Vordere Stützphase. Der Fuß setzt auf der Außenkante der Ferse oder des Fußballens auf (je schneller ein Läufer ist, desto eher setzt er auf dem Ballen auf – Triathleten rollen also von der Ferse aus ab).

Diese Technikbeschreibung hilft freilich niemandem, seinen Laufstil zu effektivieren. Möglichkeiten, autodidaktisch die Technik zu verbessern, bietet es, beispielsweise an einer Glasfront, wie sie öffentliche Gebäude häufig aufweisen, vorbeizulaufen und dabei seine eigene Technik zu beobachten. Auch das Befragen von Freunden hilft, die Hinweise geben können, was ihnen am Laufschritt auffällt. Da das Laufen eine selbstverständliche Fortbewegung ist, gibt es diesbezüglich faktisch keine Laien.

Wirklich kompetente Technikverbesserung kann man sich bei den diversen Laufschulen erhoffen, die Seminare anbieten und auf allerlei Aspekte von Lauftechnik, sowie -training, -ernährung, -material etc. eingehen.

▼ Die verschiedenen Phasen des Laufens: von der hinteren in die vordere Stützphase.

Glütsches 2001

Drei weitere Hinweise zur individuellen Laufverbesserung können hier dennoch gegeben werden. In den letzten Jahren sehr populär geworden ist eine Methode, die der Amerikaner Jack Heggie in Anwendung der so genannten Feldenkrais-Bewegungslehre entwickelt hat. Er versucht das Zusammenspiel der verschiedenen Körperorgane besser zu verstehen, damit der Krafteinsatz, den es beispielsweise zum Laufen benötigt, reduziert wird. Dadurch werden eingeschliffene Fehler, also unökonomische Bewegungen, ohne dass man es bemerkt, aufgehoben. Heggie erläutert seine Methode in seinem Buch „Besser laufen" (s. Literaturliste).

Die Übungen des Lauf-ABCs

Eine weitere sehr einfache und effektive Methode ist das häufige Anwenden des sogenannten Lauf-ABCs. Das ist eine Abfolge von Übungen, die dazu führen, die Technik bewusster und variantenreicher durchführen zu können. Die Übungen des Lauf-ABCs können in ihrer Gesamtheit oder vereinzelt zu Beginn einer Trainingseinheit durchgeführt werden.

Die Sportwissenschaftler Kuno Hottenrott und Martin Zülch beschreiben das Lauf-ABC so:

1. Fußgelenksarbeit (normale / höchste / steigende Frequenz):
▶ geringer Kniehub mit aktivem Fußaufsatz in Richtung des Körperschwerpunktes (KSP)

2. Fußgelenksarbeit mit wechselseitig hohem Kniehub:
▶ erst Streckung, dann aktives Aufsetzen in den Vorderstütz,
▶ aktive Unterstützung durch koordinierte Armführung

3. Skippings a.) normale / höchste /steigende Frequenz, b.) Übergang in den Lauf:
▶ mittlerer Kniehub,
▶ aktives Aufsetzen des Ballens in Richtung des KSP,
▶ Streckung in den Bein- und Hüftgelenken

4. Wechsel der Fußgelenksarbeit und Skippings:
▶ flüssiger Wechsel

5. Kniehebelauf (verschiedene Frequenzen): a.) hoher Kniehub, b.) hoher Kniehub mit auspendelndem Unterschenkel:

▶ Streckung in den Knie-/ Hüftgelenken,
▶ Körperlage,
▶ Armführung in Laufrichtung,
▶ aktives Aufsetzen in Richtung des KSP,
▶ Koordination zwischen Armen und Beinen ohne Verwringung des Rumpfes
  6. Anfersen a.) einseitig / wechselseitig, b.) wechselseitig mit Übergang in den Lauf:
▶ schnelles, aber lockeres Auspendeln,
▶ Oberschenkel leicht zurückführen,
▶ Arme in Laufrichtung
  7. Hopserlauf a.) vertikale Bewegungsrichtung, b.) horizontale Bewegungsrichtung mit Übergang in den Lauf:
▶ Streckung in den Bein- und Hüftgelenken,
▶ koordinierte Unterstützung durch die Arme,
▶ aktives Aufsetzen in den Vorderstütz in Richtung des KSP
  8. Wechselsprünge a.) vertikal / horizontal, b.) mit Übergang in den Lauf:
▶ Streckung der Hauptgelenke,
▶ aktiver Fußaufsatz,
▶ Arme in Fortbewegungsrichtung
  9. Laufsprünge a.) mit Frequenz, b.) mit Übergang in den Lauf:
▶ Streckung und Führung vom Knie,
▶ aktives Aufsetzen des Schwungbeines in Richtung des KSP
  10. Steigerungsläufe (60-120 Meter, hohe Geschwindigkeit über 20-40 Meter, danach ‚austrudeln'), auch als Koordinationssteigerungen, d.h., das Tempo wird kontinuierlich gesteigert, bis die Laufbewegung gerade noch gut kontrolliert und korrigiert werden kann. Dabei wird die Aufmerksamkeit auf ein bestimmtes Merkmal der Laufbewegung (z.B. Hüftstreckung, Kniehub oder aktiver Ballenaufsatz) gerichtet.

Andere Autoren verändern diese Reihenfolge, lassen bestimmte Übungen weg oder nehmen noch den Überkreuzlauf, das Seitwärtslaufen, das Rückwärtslaufen oder den Überkreuzschritt mit ins Lauf-ABC. Es sind lauter dem normalen Laufschritt verwandte Übungen, die helfen, die Lauftechnik variabler und besser zu gestalten. Eine letzte Möglichkeit, wenn schon nicht die Technik zu verbessern, aber sie zu ökonomisieren, bietet sich beim Schuhkauf.

In den Laufschuhfachgeschäften findet sich stets ein Laufband und meist kompetentes Personal, das beurteilen kann, wie Sie laufen und welche Füße Sie haben: Normalfuß, Senkfuß oder Hohlfuß. Das bedarf jeweils anderer Schuhe, die auf beinahe natürliche Weise bestimmte Fehler ausgleichen. Die häufigsten Fehler sind Über- oder Unterpronation, wobei Pronation das natürliche Einknicken des Fußes nach innen bei jedem Laufschritt meint. Bei der Überpronation knickt der Läufer zu stark nach innen ein. Bei der Unterpronation (auch: Supination), die nicht ganz so häufig vorkommt, knickt der Fuß nach dem Auftreten nicht nach innen ab, sondern die Bewegung ist nach außen gerichtet.

Solche Fehler können durch richtige Laufschuhe behoben werden, das Personal in den Laufgeschäften hilft gerne, und eine erste Technikverbesserung – gegenüber dem Laufen mit falschen Schuhen – stellt sich ein.

Der Laufschuhmarkt ist in den letzten Jahren derart aufgefächert worden, dass es kaum möglich ist, seriöse Tipps zum optimalen Schuh für Triathleten zu geben. Die Experten in den Laufschuhgeschäften helfen, und von hier gibt es nur den Tipp, wirklich in diese Spezialgeschäfte zu gehen statt sich über vermeintliche Schnäppchen zu freuen.

Zwischenspiele. Ist der Wechsel die vierte Disziplin?

Thomas Hellriegel leistet sich „diesen Luxus" und trainiert sie gar nicht, Lothar Leder eher sporadisch: Die Wechsel spielen zumindest bei den Langstreckenathleten kaum eine Rolle, zumindest keine große. „Ich glaube nicht, dass die Wechsel wettkampfentscheidend sind", sagt Hellriegel, als langsamer Wechsler bekannt. Zudem gibt er zu bedenken, dass es beispielsweise zwar durchaus Zeit kostet, beim Wechsel von Rad auf Lauf vor den Schuhen noch in Socken zu schlüpfen, um keine Blasen zu bekommen. „Andererseits", sagt der Mann aus Büchenau, „verliert man mit Blasen an den Füßen wesentlich mehr Zeit."

Letztendlich gibt es für die Wechsel keine feste Regeln oder Rituale, jeder muss für sich selbst austesten, was für ihn am besten und am schnellsten ist: Ob er den Helm auf den Boden legt oder um den Lenker hängt; ob er die Radschuhe bereits an den Pedalen festklickt und dort hineinschlüpft, oder ob er sie neben das Rad stellt; wie er sich am besten seines Neoprenanzuges entledigt und ob es ihm hilfreich ist, dafür Öl oder Puder zu Hilfe zu nehmen. Wichtig alleine scheint nur, dass der Athlet sich über seinen ganz individuellen Wechselablauf Gedanken gemacht – und ihn geübt hat. „Der Trick ist die Wiederholung", sagt etwa Lothar Leder, schon wegen seiner Kurzstreckenauftritte als schneller Wechsler bekannt. Jeder Handgriff muss sitzen; welche Handgriffe ein Athlet prinzipiell anwendet, scheint hingegen zweitrangig. „Da macht jeder am besten sein eigenes Ding", empfiehlt Leder, möglichst so oft, „bis es Routine ist", bis sich ein Automatismus eingestellt hat.

Wichtig dabei sei, dass schon im Training unter Wettkampfbedingungen geübt wird – und daher alles berücksichtigt wird, was später auch im Ernstfall in der Wechselzone zu beachten ist.

▲ Der Wechsel sollte Routine sein.

„Im Training macht man sich das oft ein bisschen einfacher, da wird geschlurt, zum Beispiel indem man den Helm einfach weglässt", nennt Leder eine der häufigsten Fehlerquellen beim Üben, weil just das Aufsetzen und Verschließen des Helmes eben dann im Wettkampf Probleme bereiten und unter Umständen Zeit und Nerven kosten kann. „Die Leute brechen da oft in Panik aus", beschreibt Leder ein Bild, das in den Wechselzonen immer wieder zu beobachten ist. „Oft sind die Athleten da völlig unvorbereitet und entsprechend unkoordiniert. Man sollte schon kurz vor dem Wechsel daran denken, dass gleich gewechselt wird, und die Szenerie im Kopf nochmal kurz durchspielen."

Als nicht empfehlenswert erachtet Leder hingegen eine Trainingsangewohnheit, die gerade unter Hobby-Triathleten weit verbreitet scheint: Dass sie auch im Training nach einer Disziplin gleich auf die nächste wechseln. „Damit kann man sich kaputt machen", glaubt der Darmstädter, der selbst stets darauf achtet, dass er nach dem Training einer Disziplin erst wieder seine Energiespeicher auflädt, bevor es an die nächste geht.

Dazwischen, so Leder, darf dann ruhig eine Pause liegen, dem Trainingseffekt schadet dies keineswegs, im Gegenteil: „Wenn man leer losläuft, hat man davon mehr Schaden als man gutmacht."

Weil die Wechsel aber wie erwähnt geübt und automatisiert sein wollen, empfiehlt Leder ein extra Training mit extrem kurzen Distanzen: 300 m Schwimmen, 32 km Rad fahren, 1 km Laufen zum Beispiel, dazwischen jeweils ein kompletter Wechsel unter Berücksichtigung der Wettkampfregeln – das reicht vollkommen aus. Das Ausziehen des Neoprenanzuges kann man schließlich auch üben, ohne zuvor 3,8 km geschwommen zu sein.

Reizend. Allgemeine Grundsätze des Trainings

Es gibt eine allgemeine Trainingslehre, die gilt für alle Sportarten. Am leichtesten anwendbar ist sie auf die Ausdauersportarten, und zu denen gehört ja Triathlon. Die allgemeine Trainingslehre ist eine junge, in den dreißiger Jahren des 20. Jahrhunderts und hier vor allem in Deutschland entstandene Wissenschaft. Erst in den zwanziger Jahren entwickelte sich überhaupt die Funktion eines Trainers, der neben dem Sportler steht und ihm Hinweise gibt, wie er üben sollte. Eine komplexer werdende Gesellschaft brachte auch dem Sport diese Arbeitsteilung.

Die allgemeine Trainingslehre hat eine Reihe von Prinzipien entwickelt, die sich in ihrer Allgemeinheit kaum noch ein Sportler oder Trainer gegenwärtigt, die gleichwohl bei jedem Sport und in jeder Phase des Trainings Anwendung finden sollten und deshalb wichtig sind.

Belastung und Erholung

Es ist, erstens, das Prinzip der optimalen Relation von Belastung und Erholung. Erst wenn dies eingehalten wird, kann es zur Superkompensation kommen, zur Anpassung des Körpers an die gegebenen Trainingsreize auf einem höheren Niveau. Die optimale Relation von Belastung und Erholung gilt auf allen Ebenen:

► Bei der Mehrjahresplanung muss auf ein Jahr der besonderen Belastung (bei Weltklasseathleten sind dies beispielsweise Olympische Spiele) ein Jahr mit geringerer Belastung folgen.

► Bei der Jahresplanung muss das Training in Phasen, beispielsweise Monate mit besonders großer Anstrengung und in Phasen mit eher niedrigerer Belastung unterteilt werden.

► Bei einer Wochenplanung müssen die anstrengenden Tage und die trainingsfreien oder weniger intensiven Tage gut verteilt sein, etwa Montag trainingsfrei, Dienstag intensives Training (also mit hohem Tempo, aber weniger Kilometer), Mittwoch extensiv (also umgekehrt: geringes Tempo, viele Kilometer), Donnerstag intensiv, Freitag extensiv, Samstag und Sonntag intensiv.

▶ Bei der Planung einer einzelnen Trainingseinheit muss auf eine intensive und anstrengende Übung eine eher extensive und der Regeneration dienende folgen. Eine intensive Übung darf nicht zu lange dauern und muss gegebenenfalls in mehrere kleinere Abschnitte unterteilt werden. (Es ist beispielsweise nicht möglich, 800 Meter im Sprinttempo zu laufen oder 200 Meter im Sprinttempo zu schwimmen. Also wird, gemäß des Grundsatzes der optimalen Relation von Belastung und Erholung, die Strecke im Training zergliedert: 8 mal 100 Meter Laufen. Oder 4 mal 50 Meter Schwimmen, wobei in beiden Fällen die Pause lang genug sein muss, damit die nächste Teilstrecke wieder im allerhöchsten Tempo ausgeführt wird, aber auch nicht zu lange dauern darf, damit keine vollständige Erholung eingesetzt hat.)

▶ Selbst bei der Ausführung kleinster Abschnitte muss bedacht werden, dass Belastung und Erholung wechseln: Das Bein, das eben noch für den Vortrieb des Läufers sorgte, wird im nächsten Moment erholsam nach vorne geschwungen; der Arm, der eben für den Vortrieb des Schwimmers im Wasser sorgte, wird anschließend locker nach vorne geschwungen; das Bein, das eben noch die Pedale beim Radfahren nach unten drückte, wird nun unter Belastung einer anderen Muskelpartie (Beuger und Strecker) nach oben gezogen, so dass sich die jeweils andere Partie gerade erholt.

Superkompensation

Das Ergebnis des so geplanten Trainings soll die Superkompensation – wörtlich übersetzt: die Überanpassung – sein: Training bedeutet Belastung, die zu Ermüdung und zu einem Leistungsrückgang führt. Training soll aber zu einer Leistungssteigerung führen, also muss der Leistungsrückgang mehr als kompensiert, quasi superkompensiert werden. Das geschieht über die Pause, in der sich die Muskeln und das Herz-Kreislauf-System an die im

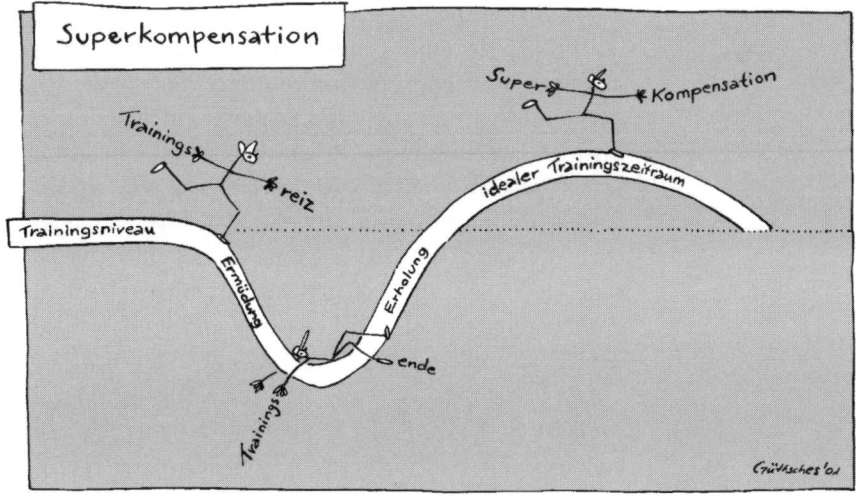

Training erfahrene Belastung anpassen, damit sie eine solche Belastung künftig besser bewältigen können.

Wurde die Pause so gesetzt, dass das zweite Training auf dem gleichen Niveau wie das erste Training erfolgt, handelt es sich um eine schlichte Kompensation. Wurde die Pause aber so gesetzt, dass das zweite Training auf höherem Leistungsniveau beginnen kann, liegt – und das ist wünschenswert – eine Superkompensation vor.

Eine Superkompensation kann auch durch das Serienprinzip erreicht werden: Nach einer Reihe von drei, vier oder fünf Belastungen mit zu kurzer Pause, bei der das Ausgangsniveau der sportlichen Leistung immer stärker absackt, wird eine längere Pause gesetzt, bei der der Körper sich erholen kann. Dann erfolgt das nächste Training oder die nächste Trainingsübung auf höherem Niveau, und das Ausgangsniveau der Übungen fällt zwar wieder ab, aber nicht so tief wie bei der ersten Serie. Dies kann mehrmals wiederholt werden.

Bei sehr gut trainierten Sportlern dauert das Erreichen einer Superkompensation sehr lange, denn ihr Ausgangsniveau ist schon sehr hoch. Bei Anfängern hingegen stellen sich die körperlichen und muskulären Anpassungen schon sehr schnell ein, oft schon während der Trainingseinheit.

Ansteigende Belastung

Ein zweiter Grundsatz der allgemeinen Trainingslehre ist das Prinzip der ansteigenden, manche sagen auch: progressiven Belastung. Dieser Grundsatz gilt, wie der von der optimalen Belastung und Erholung, auch auf vielen Ebenen: Das Training wird von Jahr zu Jahr nicht nur umfangreicher, sondern auch intensiver, es wird im laufenden Trainingsjahr von der eher extensiven anfänglichen Trainingsarbeit immer intensiver. Nur durch die beständige Zunahme der gegebenen Trainingsreize kann das Ausgangsniveau gehalten oder gesteigert werden, kann es also zu einer Superkompensation kommen.

Die Belastungssteigerung erfolgt freilich nicht linear, sondern die Kurve flacht ab, schließlich nähert sich ein vollaustrainierter Hochleistungssportler seiner spezifischen Leistungsgrenze, die letztlich nur unter Mühen und nie sprunghaft verschoben werden kann.

Hinter diesen zwei Grundsätzen der allgemeinen Trainingslehre fallen andere in ihrer Bedeutung etwas zurück. Einige von ihnen seien zumindest erwähnt:

▶ Das Prinzip des langfristigen Trainingsaufbaus, das besagt, dass man ein Ziel über Jahre anvisieren muss und nicht an jedem Abend neu überlegen sollte, was man will und plant.

▶ Das Prinzip des periodischen Trainingsaufbaus, das besagt, dass die mehrjährige Planung, die Jahresplanung und die Mehrmonatsplanung unterteilt wird: in Vorbereitungsperioden, in denen allgemeines Ausdauertraining überwiegt; und in Wettkampfperioden, in denen triathlonspezische und wettkampfspezifische Ausdauer überwiegend trainiert wird und in denen das Training insgesamt intensiver, aber weniger umfangreich gestaltet wird.

Ausdauer

Ziel des Trainings ist die Verbesserung der sportlichen Leistung, der Kondition. Die Kondition setzt sich zusammen aus den drei Komponenten Ausdauer, Kraft und Schnelligkeit. Diese gehen Schnittmengen ein: Kraftausdauer, Schnelligkeitsausdauer, Schnellkraft.

Die im Triathlonsport dominierende konditionelle

Fähigkeit ist die Ausdauer. Man kann sie auch als Ermüdungswiderstandsfähigkeit bezeichnen.

Sie wird ganz allgemein unterteilt in aerobe Ausdauer und anaerobe Ausdauer. Aerob heißt eine Ausdauerfähigkeit, die mit Sauerstoffversorgung (Atmen) zustande kommt. Anaerob hingegen eine Ausdauerfähigkeit, die ohne Sauerstoffbeteiligung abläuft und folglich nur kürzer andauert. Die anaerobe Ausdauer, die ihrerseits in laktazid und alaktazid unterteilt wird, ist die Kurzzeitausdauer. Beim Beginn einer körperlichen Tätigkeit liefern Kreatinphosphat und Adenosintriphosphat die erste Energie, das reicht nur für eine Belastung von etwa 7 bis 12 Sekunden. Dafür hat die Sportwissenschaft den Begriff anaerob-alaktazide Ausdauer geprägt. Wird die Belastung, etwa beim Sprinten, mit höchster Intensität län-

▲ Dehnungsübungen sind vor jeder Trainingseinheit anzuraten.

ger durchgehalten, so wird die Energie durch Spaltung des im Muskel gelagerten Glykogens zu Laktat (Milchsäure) gewonnen (Glykolyse). Diese Form der Energiebereitstellung erschöpft sich nach maximaler Belastung nach etwa 45 Sekunden und nennt sich anaerob-laktazide Ausdauer. Nach diesen 45 Sekunden ist der Körper übersäuert. Nichts läuft mehr und nichts geht mehr. Alle sportlichen Belastungen, die länger als 40 bis 45 Sekunden dauern, werden mit aerober Ausdauer erzielt.

Triathlon fordert den aeroben Bereich

Der Triathlon, sogar der in seiner kürzesten Fassung, findet beinahe ausschließlich im aeroben Bereich statt, also in dem Ausdauerbereich, der Sauerstoff (Atmung) für die Energiebereitstellung benötigt. Die aerobe Ausdauer fängt schon etwa 5 bis 8 Sekunden nach Belastungsbeginn an. Wenn genügend Sauerstoff mit Hilfe der Atmung herbeigeschafft wird, so steht die Energie, die durch die Verbrennung von Glykogen und Fettsäuren bereitgestellt wird, beinahe unbegrenzt zur Verfügung. Die Leipziger Sportwissenschaftler Neumann/ Pfützner/Berbalk schreiben: „Die Glycogendepots trainierter Erwachsener ermöglichen intensive Ausdauerbelastungen bis zu 90 Minuten Dauer." Die Vergrößerung der verfügbaren Glykogenspeicher gehört also zu den Trainingszielen: Sie können sowohl durch Training als auch durch bestimmte Diäten vergrößert werden. Eine bis zu 90-minütige Belastung kann ohne Nahrungsaufnahme absolviert werden. „Erst bei zeitlich längeren Wettkämpfen müssen während der Belastung regelmäßig Kohlenhydrate aufgenommen werden", heißt es bei Neumann und seinen Kollegen.

Bei Belastungen über 90 Minuten, also zum Beispiel beim Triathlon, wird die Energie von den praktisch unerschöpflichen menschlichen Fettspeichern bereitgestellt, den Freien Fettsäuren (FFS). Der Fettstoffwechsel ist durch Trainingsübungen mit einer Länge über zwei Stunden und einer relativ geringen Intensität trainierbar. „Natürlich werden auch bei kürzeren Belastungen, anteilig zum Glycogen, die FFS mit umgesetzt", heißt es bei Neumann u.a.. „Solange aber intensive und kürzere Trainingsbelastungen energetisch durch reichlich verfügbares

Glycogen zu sichern sind, findet kein adäquates Fettstoffwechseltraining statt."

Triathleten müssen also beide Formen des aeroben Ausdauertrainings – das der Steigerung des Glykogendepots und das des Fettstoffwechsels – im Training anwenden. Konkret heißt das: lange Strecken schwimmen, radeln, laufen. Manchmal, etwa zweimal pro Woche, über zwei Stunden nonstop Trainingsbelastung einbauen und dabei auch auf Nahrungsaufnahme achten – so etwas muss schließlich auch trainiert werden. Zugleich aber sollten Sie beim Triathlon-Training mit Ihren Trainingsbelastungen auch bewusst unter der 90-Minuten-Marke bleiben und dabei intensiver trainieren.

Triathlontraining ist zeitintensiv. Schon, dass ein Triathlet ein- oder zweimal pro Woche den Fettstoffwechsel trainieren sollte, bedeutet, dass eine oder zwei Trainingseinheiten aus einer Dauerbelastung von mindestens zwei Stunden bestehen wird. Und schon der Umstand, dass drei Sportarten einigermaßen gleichmäßig trainiert werden sollten, deutet an, dass Triathlon nicht unernsthaft betrieben werden kann, wie manche etwa den Fußball betreiben.

Trainingsorganisation

Anfänger sollten sich einen Trainingsaufwand von drei- bis viermal pro Woche vornehmen, steigerbar ist er immer noch. Je mehr Spaß Sie an der Sache gewinnen, desto häufiger wollen Sie auch aufs Rad, auf die Laufstrecke oder ins Wasser.

Wie Sie den Triathlonsport in Ihren Tagesablauf integrieren können, gehört zu den ersten intellektuellen Aufgaben Ihres Ausdauersportlerdaseins. Überlegen Sie, ob Sie nicht mit dem Fahrrad zur Arbeit und wieder zurück fahren können. Unter Umständen ist da schon eine Stunde oder mehr Trainingszeit gewonnen. Oder überlegen Sie, ob Sie die Arbeit mit Fahrgemeinschaften oder öffentlichen Verkehrsmitteln erreichen und zurück laufen. Auch so hätten Sie einen Teil des sinnvollen und Spaß bringenden Trainings elegant in den Tagesablauf integriert.

Wie viel Zeit Sie in den Triathlonsport investieren, ist ganz wesentlich von Ihren sportlichen Ambitionen und – davor noch – von Ihren Fähigkeiten abhängig. Weltklassetriathleten – wie etwa die Deutschen Lothar Leder, Thomas Hellriegel oder Jürgen Zäck – sind Profis: Ihr Tagesablauf gliedert sich durch den Sport, darin integriert sind Regenerationsphasen.

Die meisten Triathleten können und wollen sich aber nicht an professionellen Trainingsumfängen orientieren, wie sie auch nicht realistisch an Siegprämien oder Sponsorenverträge denken können.

Eine Umfrage ergab, dass die meisten Finisher im Schnitt sechs bis sieben Stunden pro Woche trainieren: Das macht durchschnittlich an drei bis vier Tagen pro Woche je zwei Stunden.

Dennoch ist die Organisation von Trainingsmöglichkeiten schwierig, wenn man den Triathlonsport als Individualist, jenseits von Vereinen, Übungsleitern und vorgeschriebenen Trainingszeiten, betreiben möchte.

Trainingsorganisation Laufen

Laufen findet auf der Straße, im Wald oder in Parks statt und benötigt nicht unbedingt die 400-Meter-Bahn im Stadion, die ein Verein zur Verfügung stellen könnte. Das auf Langzeitausdauer orientierte Lauftraining macht mehr Spaß, wenn man nicht immer im Kreis läuft, sondern sich neue Landschaften, neue Perspektiven der Stadt, in der man lebt, oder ganz simpel nur neue Strecken erschließt. Laufen lässt sich auch in jeder Gegend der Welt, in der man sich aus beruflichen oder privaten Gründen gerade aufhält, durchführen: Einzig die Laufschuhe werden benötigt, und so kann man eine fremde Stadt beispielsweise statt bummelnd, Bus oder Taxi fahrend auch laufend erschließen.

Trainingsorganisation Radfahren

Letztere Option setzt beim Fahrradfahren schon voraus, dass man sich in der Fremde ein Fahrrad ausleihen kann oder sein eigenes mitgenommen hat. Ansonsten gelten alle Vorzüge des Laufens auch für das Training auf dem Rad: Man lernt Landschaften kennen, probiert neue Strecken mit neuen Anforderungen, beispielsweise kleinen oder größeren Hügeln, aus. Da man mit dem Fahrrad größere Strecken absolvieren kann und – damit es den gewünschten Trainingseffekt zeitigt – auch absolvieren sollte, ist es ideal, um Naherholungsgebiete außerhalb von Städten sportiv zu erschließen.

Laufen und Radfahren lassen sich auch ideal kombinieren: Nämlich rausradeln ins Umland und von dort aus etwa um einen See auf weichem Grund über lauter kleinere Höhen und Hänge laufen. Das ist gerade dann ideal, wenn man in der Stadt wohnt und keine schöne Laufstrecke in der Nähe hat.

Organisatorisch das größte Problem für einen individuell trainierenden Ausdauersportler stellt das Schwimmtraining dar. Wer Bahnen schwimmen möchte, ist in Deutschland allermeist auf einen Verein angewiesen. Auch die Möglichkeiten des Betriebs- oder Hochschulsports sind oft begrenzt, und wenn man als zahlender Gast in ein öffentliches Schwimmbad geht, stören meist die rote Leine, die den Nichtschwimmer- vom Schwimmerbereich trennt, sowie kreuz und quer schwimmende Badegäste. Der Trend zum Spaßbad engt die Trainingsmöglichkeiten für Schwimmer zusätzlich ein.

Trainingsorganisation Schwimmen

Gelöst wird das Problem von Triathleten auf unterschiedliche Weise. Viele schließen sich so genannten Mastergruppen in Schwimmvereinen an, wo meist ein von einem Trainer ausgearbeitetes Trainingsprogramm angeboten wird. Der Vorteil ist, dass der Trainer sich auch kompetent um die Schwimmtechnik kümmern kann. Der Nachteil hingegen besteht in dem Umstand, dass man an bestimmte Trainingszeiten gebunden ist. Mancher sieht einen weiteren Nachteil darin, dass er sich in einer Sportgruppe mit Übungsleiter wiederfindet, was er unter Umständen gerade bei der Wahl einer Individualsportart wie Triathlon umgehen wollte.

Eine andere Möglichkeit, die viele Triathleten wählen, ist das morgendliche Schwimmen. Vor der Arbeit und bevor die Kinder und Jugendlichen das Bad und seine Sprungtürme aufsuchen und anderen ins Kreuz springen, kann man leidlich ungestört seine Bahnen ziehen. Das gilt vor allem im Sommer, wenn die Freibäder geöff-

▲ Im Verein beurteilen Trainer die Schwimmtechnik.

net haben, wobei dann ja auch mancher See erreichbar ist. Wenn ein öffentliches Schwimmbad, in dem Bahnen geschwommen werden können, zwar erreichbar, aber etwas weiter entfernt von Ihrem Wohn- oder Arbeitsort ist, lässt sich das Hinkommen immer noch mit ein bisschen Radtraining kombinieren.

Trainings- methoden

Mag sein, dass Triathlon ein langweiliges Kilometerfressen auf der Straße und ein nicht minder langweiliges Kachelzählen im Schwimmbecken sein kann. Aber dieser Sport bietet dreimal so viele Trainingsmethoden wie jede der drei Sportarten, aus denen er zusammengesetzt ist.

Gleichwohl lassen sich die grundlegenden Trainingsmethoden auf jede der für das Triathlon zu trainierenden Ausdauersportarten anwenden.

Es handelt sich (nach dem früheren DDR-Sportwissenschaftler Dietrich Harre, der weltweit als einer der ersten die Trainingslehre systematisch dargestellt hat) um die Dauermethode, die Intervall- und Wiederholungsmethode sowie die Wettkampf- und Kontrollmethode.

Dauermethoden sind länger andauernde Belastungen, die nicht durch Pausen unterbrochen werden. Die Geschwindigkeit kann gleichbleibend sein, sie kann aber auch, wie beim Fahrtspiel oder Fartlek, stark variieren.

Dauermethoden

Ein Fahrtspiel ist eine vornehmlich im Laufen angewendete Dauermethode, bei der der Sportler im freien Gelände mal einen 100 oder 200 Meter oder bis zum nächsten Baum reichenden Sprint anzieht, dann ganz locker trabt oder gar zu Fuß geht, dann eine längere intensive Runde zieht, um nach kurzem Trab bei einem Berglauf zu keuchen. Man unterscheidet das schwedische Fahrtspiel, wo Intensität, also vor allem Lauftempo, vom Läufer selbst bestimmt wird, je nach Verfassung, und das polnische Fahrtspiel, bei dem ein Trainer Intensität, Strecken- und Pausenzeit vorgegeben hat.

Das Fahrtspiel findet selbstverständlich auch im Radsport Anwendung, wo ans Gelände und die Windverhältnisse angepasst verschiedene Ausdauerbereiche angesprochen und trainiert werden können.

Eine Dauermethode im Schwimmen oder Laufen sollte mindestens 30 Minuten lang angewendet werden, je höher der Trainingszustand desto länger. Im Radsport geht man von mindestens einer Stunde aus.

Denkbar ist auch eine Anwendung der Dauermethode mit genauer Vorgabe der vom Pulsfrequenzmesser angezeigten Herzschlagfrequenz: Eine Runde mit 120 Schlägen pro Minute laufen oder Rad fahren, die nächste mit 160, die nächste wieder mit 120 und so weiter.

Auch kann man sein Tempo allmählich steigern, was in der Schwimmsportliteratur holprig als progressives Schwimmen, in den Laufbüchern etwas kreativer als Crescendo- oder Steigerungslauf bezeichnet wird.

Die Läufer wenden die Dauermethode ohnehin am kreativsten an. Die Ausdauerexperten Kuno Hottenrott und Martin Zülch unterscheiden folgende Methoden:
▶ Regenerations/Kompensationslauf, der nicht länger als 45 Minuten dauern sollte und bei sehr niedriger Intensität durchgeführt wird: Er dient, wie der Name sagt, einzig der Regeneration und sollte auf keinen Fall anstrengen.

▶ Extensiver Dauerlauf, der, wenn er etwa 45 Minuten dauert, mit 75 bis 80 Prozent der maximalen Herzfrequenz absolviert werden sollte, wenn er eine Stunde dauert, etwa 70 bis 75 Prozent, und wenn er über 90 Minuten dauert, etwa 70 Prozent der maximalen Herzfrequenz.

▶ Intensiver Dauerlauf, der über ähnliche Distanzen bei höherem Tempo führt (und entsprechend im Anschluss eine längere Regeneration, aktiv trabend oder gehend oder passiv stehend oder liegend erfordert).

▶ Das extensive und das intensive Fahrtspiel.

▶ Der Tempodauerlauf, der zwischen 20 und 60 Minuten dauern kann und mit hohem Tempo durchgeführt werden sollte.

Intervall- und Wiederholungsmethode

Das Intervall ist genau genommen die Zeit zwischen den Wegen, zwischen den sportlichen Belastungen. Das deutet an, dass bei der Intervallmethode die Pausenlänge von entscheidender Bedeutung ist. Man unterscheidet zwischen intensivem Intervalltraining, bei dem die Belastung höher und die Pause länger ist, und dem extensiven Intervalltraining, das mit kurzen Pausen und niedrigerer Belastung auskommt.

Daneben unterscheidet man noch zwischen der Kurzzeit-, der Mittelzeit- und der Langzeitintervallmethode. Bei der Kurzzeitmethode dauert die Einzelbelastung zwischen 15 Sekunden und 2 Minuten, was beim Schwimmen etwa 20-mal 50 Meter Kraul oder beim Laufen 10-mal 400 Meter sein könnte.

Bei der Mittelzeitmethode sind es Belastungen von 2 bis 8 Minuten, was beim Schwimmen etwa 4-mal 400 Meter Kraul, beim Laufen etwa 5-mal 2.000 Meter sein könnten.

Die Langzeitmethode sieht Einzelbelastungen zwischen 8 und 15 Minuten vor, entsprechend niedriger ist die Zahl der Wiederholungen. Es könnte sich um 4-mal 800 Meter oder 3-mal 1.000 Meter Kraulschwimmen handeln.

Bei den Radsportspezialisten wird das Intervalltraining in den letzten Jahren immer seltener angewendet,

◀ Nicht nur im Wettkampf heißt es beim Laufen: Trinken und Abkühlen!

nur die Bahnsprinter trainieren noch oft nach der Methode, aber denen nachzueifern gehört ja eher nicht zum Ziel eines Triathleten. Am verbreitetsten ist die Intervallmethode immer noch bei den Schwimmern.

Die Pausen, die bei der Intervallmethode wichtig sind, gehorchen dem Prinzip der „lohnenden" oder „unvollständigen Pause". Es findet eine nicht ausreichende Erholung statt, die folgende Belastung beginnt also, wenn der Puls nicht wieder richtig niedrig ist, sondern noch bei etwa 120 Schlägen pro Minute liegt. Das heißt – wie im Schema über die Superkompensation gezeigt –, dass es zu einer Aufstockung der Ermüdung kommt, was letztlich zur Steigerung des konditionellen Ausgangsniveaus führt.

Beim extensiven Intervalltraining von Schwimmern beträgt die Pause oftmals nicht mehr als 10 oder 15 Sekunden, bei Läufern dauert sie etwas länger, wobei sie hier auch gerne als aktive Pause – nämlich Traben – angewendet wird.

Intervallmethoden für Läufer Bei den Trainingswissenschaftlern Hottenrott und Zülch werden folgende Intervallmethoden für Läufer vorgeschlagen:

► Tempodauerläufe nach Zeit oder nach Strecke: also beispielsweise 3-mal 5 Minuten Belastung und 10 Minuten aktive Erholung oder 3-mal 3.000 Meter Laufen und 1.000 Meter aktive Erholung.

► Pyramidenlauf (eine Übung, die es vergleichbar auch im Schwimmen gibt): etwa 3 – 4 – 5 – 4 – 3 Minuten Belastung und dazwischen 3 – 4 – 5 – 4 – 3 Minuten aktive Erholung, also Gehen oder Traben (oder beim Schwimmen, ganz lockeres langsames Rückenschwimmen).

► Extensive und intensive 1.000-Meter-Läufe bei vorgegebener Geschwindigkeit.

► Bergläufe, bei denen der Bergauflauf mit Tempo und folglich hoher Intensität durchgeführt wird, der Bergablauf zur aktiven Erholung genutzt wird.

Die dem intensiven Intervalltraining ähnliche Wiederholungsmethode ersetzt die „unvollständige Pause" durch eine sehr lange und beinahe vollständige Ruhepause (Herzfrequenz unter 100) und lässt bei einer geringen Anzahl von Wiederholungen – zwei- bis fünfmal – den Sportler mit beinahe Wettkampfgeschwindigkeit die Teilstrecken absolvieren. Sind beim intensiven Intervalltraining Pausen bis zu fünf Minuten denkbar, können die beim Wiederholungstraining schon über eine halbe Stunde dauern – schließlich wird die Leistung auf höchstem leistbaren Niveau verlangt.

Für das Triathlon-Training ist die Wiederholungsmethode nur auf einen Teilabschnitt einer zu absolvierenden Sportart anzuwenden. Denkbar ist lediglich ein sporadisches Training, wie es Lothar Leder fürs Wechseltraining vorschlägt: 300 Meter Schwimmen, 32 Kilometer Radfahren, 1 Kilometer Laufen.

Von der Wiederholungsmethode nicht weit entfernt ist die Wettkampf- und Kontrollmethode. Bei ihr handelt es sich um die Simulation eines Wettkampfs – oder gleich um das Absolvieren eines richtigen Wettkampfs, beispielsweise ein kleinerer und nicht als so ganz bedeutend eingestufter Triathlonwettbewerb. Dabei wird herausgefunden, wie es um die aktuelle Leistungsfähigkeit des Sportlers bestellt ist, wenn es ernst wird.

Wettkampf- und Kontrollmethode

Ins Training eingebaut beziehen sich – schon aus organisatorischen Gründen – die Wettkampfmethoden meist nur auf eine Disziplin und hier oft auf kürzere Distanzen: Einen Trainingsmarathon zu laufen, wäre nicht nur unsinnig, sondern auch schädlich.

Durchaus sinnvoll können aber 5.000 oder 10.000 Meter-Läufe, 30- oder 50-Kilometer-Radfahrten oder das Schwimmen über 1.500 Meter sein. Die Geschwindigkeit sollte und müsste über Ihrer Triathlondurchschnittsgeschwindigkeit liegen.

Triathlon als reine Ausdauersportart ist einfacher zu planen als komplexe Sportarten, bei denen immer noch ein großer Anteil an Kraft, Schnelligkeit und Gewandtheit in der Planung berücksichtigt werden muss.

Trainingspläne

Die folgenden Hinweise gelten für Anfänger und Spitzensportler gleichermaßen.

Im Triathlon hat sich mittlerweile eine Zweierperiodisierung durchgesetzt, das heißt: Nehmen Sie sich zwei Triathlon-Wettbewerbe im Jahr vor, einen im Frühjahr und einen im Herbst. Wenn Sie schon eine Weile den Sport betreiben und mehr Wettkämpfe betreiben wollen, ist das kein Problem, aber Sie sollten dennoch zwei Wettkämpfe als Hauptwettkämpfe bestimmen.

Das kann Roth oder der Ironman auf Hawaii sein, wahrscheinlicher aber ist es einer der vielen Jedermann-Triathlons in Ihrer Nähe, bei dem das Programm meist aus 500 Meter Schwimmen, 20 Kilometer Radfahren und 5 Kilometer Laufen besteht.

Haben Sie zwei Hauptwettkämpfe, so haben Sie jeweils auch etwa ein halbes Jahr Vorbereitungszeit. Sie können

Ihr Trainingsjahr also folgendermaßen aufbauen, wenn Sie beispielsweise an Silvester beschlossen haben, mit dem Triathlonsport anzufangen.

Januar	VP 1	
Februar	VP 1	
März	VP 2	Ihr erster Jedermann-Triathlon
April	VP 2	
Mai	WP 1	Triathlon zum Schnuppern
Juni	WP 2	Hauptwettkampf
Juli	ÜP	
August	VP 1	
September	VP 1	
Oktober	VP 2	
November	WP	noch ein kleiner Wettkampf
Dezember	ÜP	

VP = Vorbereitungsperiode
WP = Wettkampfperiode
ÜP = Übergangsperiode

Oder, wenn Sie sportlich ambitionierter sind:

Dezember	VP 1	
Januar	VP 1	
Februar	VP 1	
März	VP 2	
April	VP 2	
Mai	VP 2	
Juni	WP 1	
Juli	WP 2	Ironman Europe in Roth
August	ÜP	
September	VP 1+2	
Oktober	WP	Ironman Hawaii
November	ÜP	

Der ganz große Unterschied zwischen Hawaii- und Jedermann-Vorbereitung ist also bei einer solchen Jahresplanung nicht zu erkennen. Er zeigt sich erst bei den Umfängen (Kilometer) und der Intensität (Zeit).

Die Inhalte der VP (Vorbereitungsperioden), WP (Wettkampfperioden) und der ÜP (Übergangsperioden) sind:

► **VP**: Hier werden die konditionellen Voraussetzungen geschaffen, damit Training und Trainingsjahr gut be-
wältig werden können. Im Vordergrund steht die allgemeine Grundlagenausdauer. Der Trainingsumfang, also
die zu bewältigenden Kilometer, ist hoch, die Intensität,
also die Geschwindigkeit, im Durchschnitt niedrig. Training und Wettkämpfe in fremden Sportarten, beispielsweise Skilanglauf, Rudern oder Inline-Skating, sind in
der ersten Etappe der VP möglich.

*Vorbereitungs-
periode*

In der zweiten Etappe wird das Training schon spezieller.
Intensive Trainingsinhalte dominieren zwar noch nicht,
werden aber verstärkt ins Training integriert. Es finden
also ab und zu intensive Intervalltrainings statt; erste,
wenngleich noch nicht so ernst genommene Wettkämpfe
können absolviert werden.

► **WP**: In der Wettkampfperiode wird intensiver und
mit geringerem Umfang trainiert. Am Anfang können
kürzere Aufbauwettkämpfe stehen, nach denen freilich
eine kurze Entspannungsphase folgen sollte.

Wettkampfperiode

Gerade in der zweiten Wettkampfphase soll nicht mehr
Kondition gebolzt werden, sondern alles so vorbereitet
werden, dass in den vorhergegangenen Monaten antrai-
nierte Kondition auch ohne Ermüdung optimal abrufbar
ist. In der unmittelbaren Wettkampfvorbereitung wird der
Umfang des Trainings deutlich, im Triathlon um bis zu 30
Prozent reduziert. „Die Belastungsrücknahme ist leis-
tungsphysiologisch notwendig", schreiben die Sportwissenschaftler um Georg Neumann in Leipzig, „damit keine
große Restermüdung vorliegt und es zu einer Art Superkompensation in der Leistungsfreisetzung kommt." Superkompensation in der Leistungsfreisetzung heißt nichts
anderes als: so schnell sein wie nie zuvor.

► **ÜP**: Sie dient der Regeneration von Körper und
Psyche. Am Anfang kann ganz auf Sport verzichtet werden. Am Ende der ÜP kann wieder locker mit einer der
Triathlonsportarten gestartet werden. Auch Sportspiele
oder andere Disziplinen machen hier Sinn.

Übergangsperiode

Planungszyklen

Makro- und
Mesozyklen

Eine solche Periode, egal ob VP, WP oder ÜP, wird in der Literatur auch gerne als Makrozyklus bezeichnet. Die nächst kleinere Planungseinheit ist der Mesozyklus, der mehrere Wochen umfasst. Ein Makrozyklus wird in mehrere Mesozyklen gegliedert. Hier werden die Schwerpunkte etwas genauer formuliert: Sie können dafür sorgen, dass in einer Woche gezielt auf die Schnelligkeitsausdauer im Laufen geachtet wird oder dass Sie in einer anderen Woche alles auf einen Conconi-Test (s. S. 150) auf dem Fahrrad orientieren. Auch die allgemeine Forderung des Makrozyklus, dass das Training intensiver werden soll und dass zunehmend anaerobe Inhalte in das Training integriert werden sollen, können Sie bei einer solchen Planung besser steuern (und schlechter vergessen oder vertagen).

Mikrozyklus

Ein Mikrozyklus, die nächst kleinere Trainingseinheit, ist in der Regel ein Wochenplan. Hier wird nicht nur unterteilt, an welchen Tagen Sie laufen, wann Sie Rad fahren und wann es ins Schwimmbad oder den See geht (vergessen Sie bei dieser Planung nicht Ihre Radtouren zur Arbeit!). Hier wird auch die Intensitätsverteilung vorgenommen: etwa montags frei, dienstags extensiv, mittwochs intensiv, donnerstags frei, freitags extensiv, samstags extensiv, sonntags intensiv. So könnte es in der VP 2 sein. In der VP 1 bleibt nur der Mittwoch intensiv, den Sonntag lassen Sie locker, aber länger angehen. In der WP hingegen wird auch der Freitag ab und an mit intensiven Intervallen oder mit der Wiederholungsmethode angereichert. In der WP, vor allem in der WP 2 sollten intensive Einheiten immer von sehr langen aktiven Erholungen begleitet sein. Auch das Warm Up und Cool Down zu Beginn und Ende eines Trainings wird immer länger, schließlich ist die Intensität ja auch wesentlich höher, und der Körper braucht entsprechend länger, um wieder runterzukommen.

Tägliche
Trainingseinheit

Die Mikrozyklen unterteilen sich wiederum in Tage. Falls man nicht wie einige Profiathleten mehrere Einheiten pro Tag bestreitet, bedeutet das: die Planung einer Trainingseinheit.

Sie besteht aus dem Aufwärmen, was je nach Disziplin Einschwimmen, Warmfahren oder Warmlaufen bedeutet. Dazu gehören auch Dehn- und Streckübungen, deren Bedeutung von vielen Sportlern immer noch unterschätzt wird. Im Hauptteil wird darauf geachtet, erst Technikelemente zu üben, im Schwimmen beispielsweise kleinere Übungen zur Verbesserung des Kraulschwimmens, im Laufen beispielsweise Teile des Lauf-ABCs. Wenn auch Elemente des Krafttrainings ins Triathlontraining eingebaut werden, was zwar selten passiert, aber auch nicht ganz ausbleiben sollte, so müsste das im Ablauf noch vor dem Ausdauertraining geschehen. Die Ausdauer wird stets am Ende einer Trainingseinheit geübt. Diese Reihenfolge ist sinnvoll, weil das Techniktraining, bei dem konzentriert bestimmte Abläufe wiederholt werden müssen, das Zentralnervensystem stärker beansprucht und am Ende einer Einheit bei jedem die Konzentrationsfähigkeit nachlässt.

▲ Der Wettkampf bleibt das Ziel.

**Langtraining
und Kurz-
training**

Auch wenn umgangssprachlich die Aktiven, die sich schwerpunktmäßig dem Kurztriathlon verschrieben haben, gerne als Sprinter bezeichnet werden, so betreiben sie dennoch eine klassische Langzeitausdauersportart. Bis zum Aufkommen der Langstreckenwettbewerbe war beispielsweise das 1.500-Meter-Schwimmen der Männer und das über 800 Meter der Frauen die längste Ausdauerdisziplin. Hier galten also Athleten, die ihre Wettkampfstrecke in 15-16 Minuten, bzw. in 8-9 Minuten bewältigen, schon umgangssprachlich als Marathonschwimmer, obwohl alle, auch die wirklichen Sprinter, die im Wettkampf nur über 50 oder 100 Meter antraten, im Training selbstverständlich Programme von 8 bis 12 Kilometer pro Einheit absolvierten.

Der größte Unterschied im Training zwischen den Lang- und Kurzstreckenspezialisten ist die Gewichtung von Übungen, die das Vergrößern des Glykogendepots (wichtig für die Triathlon-Kurzstrecke) und die Verbesserung des Fettstoffwechsels (wichtig für die Triathlon-Langstrecke) zum Inhalt haben.

Langstreckentraining umfasst pro Einheit mindestens zwei Stunden. Es wird ohne oder nur mit kurzen Pausen betrieben und ist wenig intensiv. Es führt physiologisch zur Vergrößerung der intramuskulären Neutralfette (Triglyceride). Die Verbrennung der Fettsäuren ist abhängig davon, wie die Kohlenhydrate verfügbar sind. Während des über zweistündigen Langstreckentrainings sollte also eine dauernde Zuführung von Kohlenhydraten (KH) erfolgen. Die Sportwissenschaftler um Neumann empfehlen 30 bis 60 Gramm pro Stunde. Und für das Fettstoffwechseltraining raten die Wissenschaftler: „Der höhere Fettsäurenabbau kann durch einige praktische Tricks gefördert werden. Einmal durch Training ohne Frühstück von 60 bis 90 Minuten Dauer. Die weitere Möglichkeit ist, die KH-Aufnahme während der Belastung knapp zu halten und nur 20 bis 30 g KH pro Stunde aufzunehmen. Zusätzlich kann durch die Aufnahme von 1-2 g L-Carnitin die Einschleusung der lang- und mittelkettigen Fettsäuren in die Mitochondrien erhöht werden.

Das L-Carnitin ist Bestandteil eines Fettsäurentransport-systems in die Mitochondrien und kann den Fettsäuren-umsatz steigern."

Auf solche Tricks können Triathleten mit Schwer-punkt auf der Kurzstrecke auch zurückgreifen. Sie ma-chen es nur seltener, denn bei ihnen stehen intensivere Einheiten häufiger im Vordergrund. Dieser Hinweis gilt freilich vor allem für Kurz-Triathleten der Spitzenklasse wie den Olympia-Zweiten Stephan Vuckovic aus Reutlin-gen, der in Magdeburg trainiert. Vuckovic steht für den Trend des intensiveren und professioneller betriebenen Kurztriathlons, der von den Athleten auch eine größere Berücksichtigung der Regeneration verlangt.

Für breitensportliche Triathleten bietet der Kurztri-athlon hingegen eher die Chance, eine kürzere Distanz zu bewältigen, weil die Langdistanz noch unerreichbar er-scheint. Hier haben Hinweise über intensivere Trainings-inhalte selbstredend eine sehr viel geringere Bedeutung.

Bewertung. Mit Diagnose besser trainieren

Test Nummer eins beginnt wie eine Spazierfahrt am Sonntagnachmittag. Ganz gemächlich tritt Thomas Hellriegel in die Pedale des Fahrradergometers, dessen monotones Surren nur alle fünf Minuten von einem hellen Piepen übertönt wird. Für den Ironman ist dies das Zeichen, dass die nächste Stufe erreicht ist. Alle fünf Minuten muss er 30 Watt mehr Leistung auf die Pedale bringen, was die Spazierfahrt in der steril wirkenden Atmosphäre des weißgekalkten Raumes, der nicht viel größer ist als ein Klassenzimmer, ganz allmählich zu einer Alpen-Etappe für ihn werden lässt. „Das geht bis zum bitteren Ende", sagt Hellriegel; dieses hat er nach 39:03 Minuten und jeder Menge Schweiß erreicht.

Prüfung Nummer eins, genannt Stufentest, ist nur der Auftakt einer Testserie, die dem ersten deutschen Hawaii-Sieger helfen soll, seine Erfolge planbar zu machen. Zwei- bis dreimal pro Jahr kommt Hellriegel zur Leistungsdiagnostik nach Freiburg, um sich unter der Aufsicht von Sportwissenschaftlern und -medizinern zu quälen. Im Radlabor des Instituts für Sport und Sportwissenschaft kämpft er bei fünf verschiedenartigen Tests gegen die Unbarmherzigkeit des Ergometers an; in der Abteilung für Rehabilitative und Präventive Sportmedizin der Universitätsklinik folgt einen Tag später ein weiterer Check auf dem Laufband.

Aerobe und anaerobe Fähigkeiten Hellriegels werden dabei genauso abgefragt wie seine Werte in Schnellkraft, Kraftausdauer und Maximalkraft. Damit in Zusammenhang gebracht werden Herzfrequenz, maximale Sauerstoffaufnahmefähigkeit, Kohlendioxydabgabe sowie Atem-Minuten-Volumen; per Nadelstich ins Ohr wird zudem rund 30-mal ein Tropfen Blut für die Laktatmessung abgezapft. Das ergibt am Ende der beiden Tage einen umfassenden, per Computer ausgewerteten Datensatz, der wissenschaftlich fundierte Rückschlüsse auf das momentane Leistungsvermögen des Athleten erlaubt.

„Ich sehe genau, wo ich stehe und wo es mir noch fehlt", nennt Hellriegel Sinn und Zweck der Leistungsdiagnostik: Stimmen die Werte, befindet er sich prinzipiell auf dem richtigen Weg, stimmen sie nicht, gilt es, sich Änderungen im Training zu überlegen. Bei zwei, maximal drei Starts über die Langstrecke im Jahr bietet das eine wertvolle Möglichkeit der Formüberprüfung schon während der Vorbereitung.

„Das Bestreben ist, dass der Athlet auf die Top-Events hin seine Maximalwerte erreicht", sagt Dr. Martin Huonker, Sportmediziner an der Freiburger Universitätsklinik. Das alleine garantiert dem Athleten zwar noch lange nicht den Erfolg, macht ihn aber eben doch kalkulierbarer – und damit wahrscheinlicher, weil eben wissenschaftlich geplant.

Maximalwerte für die Top-Events

Der Belgier Luc van Lierde, 1996 erster europäischer Sieger auf Hawaii, teilt seine Trainings- und Wettkampfsaison normalerweise in zwei Makrozyklen ein, an deren Anfang und deren Mitte jeweils ein Leistungstest stehen; zwei weitere Tests finden zudem in der Nebensaison statt. Die Erkenntnisse daraus lässt Jan Olbrecht, früher selbst Olympiastarter im Schwimmen und heute Sportwissenschaftler und Trainer, stets und ganz direkt in die Trainingspläne des schnellen Belgiers einfließen. Auch bei den anderen Weltklasseathleten, Lang- wie Kurzstrecke, gehört die Leistungsdiagnostik längst zum Grundprogramm, entsprechend groß ist mittlerweile das Angebot vieler Institute, auch der privaten.

Die über die Jahre angesammelten Leistungskennziffern Hellriegels füllen in Freiburg längst einen dicken Aktenordner. „Man bekommt so ein Profil eines Athleten herausgearbeitet, mit dem sich dann ganz gut Trainingssteuerung betreiben lässt", sagt Huonker.

Das Basisprofil Hellriegels ist nach über zehn Jahren Triathlon exzellent. Sein Herz pumpt im Ruhezustand 32-mal pro Minute und lässt sich auch bei größten Anstrengungen kaum über 180 Schläge hochjagen; pro Minute und Kilogramm Körpergewicht kann der Hawaii-Sieger 86 Milliliter Sauerstoff ins Blut aufnehmen, sein Körperfettanteil liegt bei sechs Prozent. „Thomas", beurteilt Huonker diese Werte, „ist ein weitgehend fertiger Athlet mit exzellenten Ausdauerwerten." Keineswegs müsse dies aber bedeuten, dass ein Sportler nicht prinzipiell noch über Steigerungspotenzial verfügt: „Jetzt kommt es darauf an, das Training so zusammenzubasteln, dass am Ende noch eine bessere Zeit möglich ist."

Ein Unternehmen, das für die Top-Ironmen längst zur Gratwanderung geworden ist, längst reicht es auch auf der Langstrecke nicht mehr aus, nur mächtig Umfang, also möglichst viele Kilometer in der Vorbereitung herunterzuspulen. „Die Schnelligkeit bekommt eine immer größere Bedeutung", sagt der Hawaii-Sieger von 1997, schon weil immer mehr Athleten in den Bereich der nach wie vor magischen Acht-Stunden-Grenze vordringen. Wer da nicht in der Lage ist, den abschließenden Marathon deutlich unter 2:50 Stunden zu laufen, darf bei den Top-Events kaum mehr vom Sieg träumen. Der Ausdauerwettbewerb wird immer mehr zum Sprint im Grenzbereich.

Das lässt die Athleten schon in der Vorbereitung zu Grenzgängern werden. Nach wie vor viel, und das immer schneller, so lautet die Devise im Training. Erfahrungswerte in diesen Leistungsbereichen waren lange Zeit überhaupt nicht existent; Sportler wie Hellriegel, Leder, Zäck oder van Lierde mussten sie jeder für sich selbst einholen, umso wichtiger war die ständige Überprüfung per Leistungsdiagnostik. „Man ist dabei, das Letzte aus seinem Körper herauszuholen", weiß Hellriegel aus eigener jahrelanger Erfahrung. Und auch, dass alle Leistungsdiagnostik „keine Garantie auf eine schnellere Zeit ist". Aber immerhin die prinzipielle Möglichkeit kennt der Sportler.

Leistungsdiagnostik für Jedermann

Im Training kann jeder viel falsch machen, nicht nur ein Spitzensportler wie Thomas Hellriegel. Also machen Leistungstests auch für Breitensportler Sinn.

Zwei Testarten sind denkbar, sinnvoll und werden an- *Der Ergometer-Test*
gewendet: Es ist zum einen der Ergometer-Test, der Hellriegels Testprogramm bildete, zum Zweiten der Conconi-
Test. Ein dritter denkbarer Test wäre ein Leistungskon-
troll-Triathlon mit vermindertem Programm, bzw. gleich
ein Wettkampf, bei dem man auch stets die Pulsfrequenzen protokolliert.

Ein Ergometer ist ein Apparat zur Messung der Leistungsfähigkeit der Muskeln bzw. allgemein des Herz-
Kreislaufsystems. Ihn gibt es als Fahrrad und als Laufband. Auf dem Fahrradergometer kann man die körper-
liche Leistung (in Watt) messen, den Herzschlag (in Puls-
frequenz), den Blutdruck, die Laktatkonzentration, die
eine eventuelle Übersäuerung anzeigt. Ein solcher Test
kann mit einem Ruhe-EKG verbunden werden, und ihm
kann sich eine Blutanalyse – gerade zur Bestimmung der
Laktatwerte – anschließen. Der Test funktioniert so, dass
man mit 100 Watt beginnt und alle drei Minuten um 50
Watt gesteigert wird. Sie sollten sich bei diesem Test nicht
schonen, sondern voll verausgaben, schließlich werden
Ihre Leistungsgrenzen und optimalen Trainingsbereiche
bestimmt.

Das Ergebnis der Leistungsfähigkeit lässt sich in Watt
pro Kilogramm ausdrücken. Die erreichte Maximalleis-
tung in Watt wird durch das derzeitige Körpergewicht in
Kilogramm dividiert. Steigen Sie etwa bei einem Körpergewicht von 80 Kilogramm bei einer Belastung von 300
Watt aus, haben Sie einen Wert von 3,6 Watt/kg.

Sportmediziner gehen von 3 Watt pro Kilogramm
Körpergewicht bei Männern als normale Leistungsfähigkeit und von 2,5 Watt pro Kilogramm bei Frauen aus. Bei
4 Watt/kg findet sich ein gut trainierter Breitensportler,
bei 5 Watt/kg ein sehr guter Ausdauersportler und bei 6
Watt/kg ein absoluter Spitzensportler wie Thomas Hellriegel.

Ein solcher Ergometer-Test lässt sich in der Regel beim
Sportarzt durchführen. Es gibt auch viele Institute, die zu
unterschiedlichen Gebühren solche Leistungschecks
durchführen. So etwas machen zu lassen ist in jedem Fall

sinnvoll. Vor allem ist eine regelmäßige Wiederholung – etwa einmal im Jahr – zu empfehlen, weil dadurch Leistungsfortschritte erkennbar sind und das Training entsprechend verändert und verbessert werden kann. Die Auswertung eines solchen Tests sollte man gemeinsam mit dem durchführenden Arzt oder Sportwissenschaftler vornehmen.

Der Conconi-Test   Der Conconi-Test ist benannt nach dem italienischen Sportwissenschaftler Francesco Conconi, der in jüngster Zeit als Verabreicher der Dopingsubstanz Epo in die Schlagzeilen geriet. Conconi hatte an seinem Institut in Ferrara einen Test entwickelt, der entweder laufend, auf dem Radergometer oder auf dem Fahrrad durchzuführen ist und der ohne das das große Instrumentarium eines sportwissenschaftlichen Labors auskommt.

Die einzige Voraussetzung ist ein Pulsmesser, den es mittlerweile von verschiedenen Anbietern günstig und recht leistungsfähig zu kaufen gibt, und beim Laufen wäre eine 400-Meter-Bahn günstig.

Der Test läuft so ab: Sie laufen sich 3.000 bis 4.000 Meter locker ein, der Puls bleibt bei maximal 130. Beim Test selbst wird alle 200 Meter die Zeit und der Pulswert gemessen. Da ist es das Einfachste, wenn Sie jemanden, am besten zwei Personen, bitten, immer die Zeit zu nehmen und die zugerufenen Pulswerte zu notieren. Mit einer sehr guten Stoppuhr können Sie theoretisch den Test auch allein durchführen. Beginnen Sie die erste Runde mit langsamem Laufen, meist wird in der Literatur 70 Sekunden für 200 Meter empfohlen. Steigern Sie alle 200 Meter das Tempo, etwa um 1 bis 2 Sekunden über die 200 Meter. Das Ganze geht so lange, bis Sie sich nicht mehr steigern können und das Tempo auch nicht mehr halten können. Nun kann gerechnet werden.

Die Geschwindigkeit v ergibt sich aus dem Verhältnis der Strecke s zur benötigten Zeit t, also $v = s\,/\,t$. So erhalten Sie lauter Zeiten: $v1$ für die erste Teilstrecke, dann $v2$, dann $v3$ und so weiter.

Das können Sie alles in eine Tabelle eintragen, in der erstens die Laufzeit, zweitens die jeweilige 200-m-Zeit,

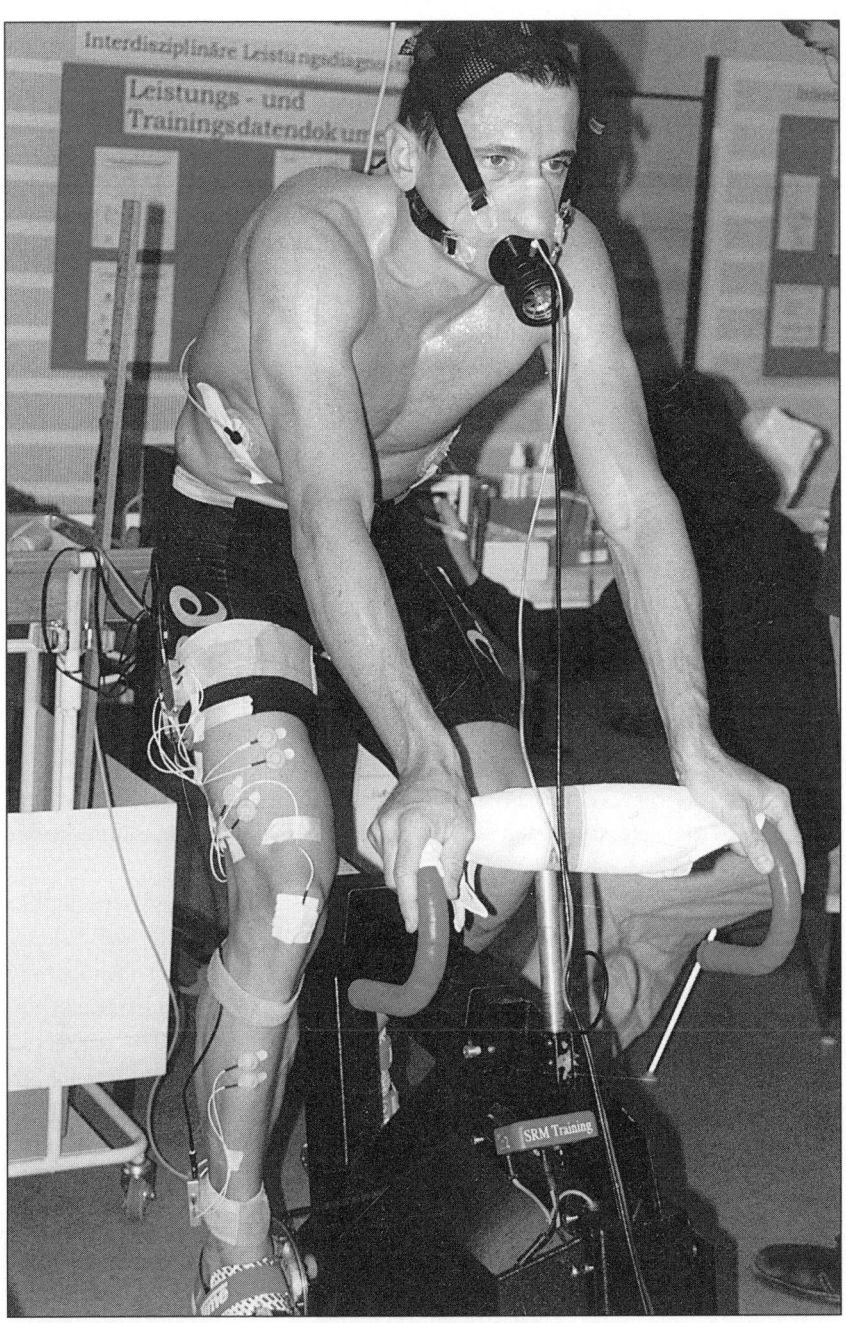

▲ Thomas Hellriegel bei der Leistungsdiagnose.

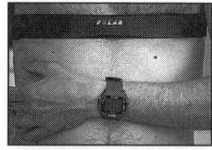

▲ Der Brustgurt misst die Herzfrequenzzahl, die dann auf der Uhr abzulesen ist.

drittens die jeweilige Puls-Frequenz und viertens der aus den Geschwindigkeitsdaten zu berechnende Stundenkilometerwert (km/h) notiert wird. Letzteres wird berechnet nach folgender einfacher Formel $v = 720 / t$. Soll heißen: Geschwindigkeit = 720 durch die über 200 Meter gemessene Sekundenzeit. Brauchten Sie für die ersten 200 Meter 70 Sekunden, für die zweiten 200 Meter 68 Sekunden usw., steht in Ihrer Liste folgendes:

Laufzeit	t (200-m-Zeit)	Puls	km/h
1:10	70 s	145	10,3
2:18	68 s	152	10,6
3:24	66 s	152	10,9
4:28	64 s	163	11,2
usw.			

Die Ergebnisse Ihrer Liste tragen Sie nun in ein Koordinatenkreuz ein: Auf der waagerechten Achse werden die errechneten Stundenkilometer eingetragen, auf der senkrechten die Pulsfrequenzen. Wenn Sie die ermittelten Punkte verbinden, bemerken Sie, dass sich faktisch zwei Bereiche mit jeweils sehr verschiedenen Neigungswinkeln ergeben – ein erster Kurvenbereich, der recht steil von unten nach oben geht, und ein daran anschließender zweiter, der eher flach nach oben verläuft.

Dieser Knick markiert das, was Sportwissenschaftler sonst nur in komplizierten Tests mit Hilfe der Laktatwerte herausfinden: die so genannten aerob-anaerobe Schwelle. Mit anderen Worten: In den Pulsfrequenzen, die im ersten (steilen) Bereich erfasst werden, trainieren Sie im für Sie als Triathlet günstigen aeroben Bereich. In den Pulsfrequenzen, die von dem zweiten (flachen) Kurvenbereich erfasst werden, liegt bei Ihnen der anaerobe Bereich, den Sie als Triathlet wesentlich weniger trainieren müssen. Und vor allem: Da, wo sich der Steigungswinkel ändert, ungefähr in diesem Pulsbereich lässt sich ein intensives aerobes Training am besten durchführen. Das Nach-oben-Verschieben (im Koordinatenkreuz: nach rechts) der aerob-anaeroben Schwelle gehört zu den sinnvollen Trainingszielen eines Ausdauersportlers. Und wenn Sie wissen, wo sich bei Ihnen die aerob-anaerobe Schwelle befindet, können Sie wesentlich gezielter trainieren.

Den Conconi-Test können Sie ruhig alle vier oder sechs Wochen durchführen. Dann haben Sie nicht nur eine schöne Dokumentation, wie sich Ihr Training gelohnt hat; auch die zunächst vielleicht umständlich erscheinenden organisatorischen Umstände schleifen sich ein und werden zur Selbstverständlichkeit.

Auf dem Fahrradergometer wird der Conconi-Test so durchgeführt: Nach 15 Minuten Warm-up-Radeln wird mit 15 km/h oder einem Widerstand von 75 Watt begonnen. Nach 3 oder 5 Minuten werden Puls und Wattzahl notiert und um 25 Watt (etwa 3 km/h) gesteigert. Das Ganze geht – wie auf der 400-m-Bahn und wie beim eingangs geschilderten Hellriegel-Beispiel – bis zur Erschöpfung.

Auf dem Fahrrad lässt sich der Test durchführen, wenn man eine nicht allzu große Runde (etwa eine, die 30 bis 60 Sekunden dauert) fährt und sich stets steigert, dabei immer Puls und Geschwindigkeit notiert bzw. notieren lässt.

Die Auswertung Ihres gezeichneten Diagramms fällt recht leicht. Da, wo der Knick liegt, befindet sich, wie gesagt, die für die Trainingsplanung so wichtige aerob-anaerobe Schwelle. Findet sich partout kein Knick, verweist das auf mangelnde Schnelligkeitsausdauer und mangelnde anaerobe Fähigkeiten.

Verläuft die erste Kurve erstaunlich flach, zeigt das eine gute Grundlagenausdauer an. Verläuft sie hingegen äußerst steil, deutet das auf starke anaerobe Fähigkeiten hin, die vielleicht zu Ungunsten der aeroben Ausdauerfähigkeiten gehen.

Eine Leistungsverbesserung liegt dann vor, wenn sich der Knick im Vergleich zu den vorhergehenden Tests nach rechts verschoben hat, eine Leistungsverschlechterung, wenn er nach links gerückt ist.

Up and away. Training in der Höhe

Wer denkt, in der Höhe lassen sich Formkrisen mal eben so überbrücken oder gar vertuschen, liegt falsch. Den Ausflug nach St. Moritz beispielsweise gilt es gut vorzubereiten; nach Erkrankungen oder sonstigen körperlichen Problemen und vor wichtigen Wettkämpfen ist davon gänzlich abzuraten. Wenn man keine Erfahrung hat, erst recht. Denn im Höhentraining kann man sich auch gründlich seine Form ruinieren.

Wer in den Bergen Sport treibt, tut das unter erschwerten Bedingungen: Was man als „dünne Luft" bezeichnet, ist der populäre Begriff für den geringeren Sauerstoffanteil in der Bergluft. Beträgt die Sauerstoffkonzentration in der Luft auf 500 m Höhe rund 20 Prozent, liegt dieser Wert in 2.000 m nur noch bei 16 Prozent. Dem Athleten stehen also 20 Prozent weniger Sauerstoff zur Verfügung als zu Hause.

Höhentraining ist nicht für jedermann geeignet. Dem Ruf der Berge sollten nur die folgen, die sich schon im Flachen auf einem gehobenen Ausdauerniveau bewegen. Georg Neumann vom Institut für Angewandte Trainingswissenschaften in Leipzig rät das Höhentraining sogar nur solchen Triathleten, die über mehrere Jahre hinweg mindestens 20 Stunden in der Woche trainiert haben. Als Orientierungsmaß für die Eignung für ein mehrwöchiges Training in den Bergen empfiehlt Neumann, die maximale Sauerstoffaufnahme messen zu lassen. Bei Männern sollte diese mindestens 65 ml/kg pro Minute, bei Frauen 60 ml/kg pro Minute betragen. Außerdem empfiehlt es sich, vor einem Höhentraining Blutbild und Eisenstoffwechsel untersuchen zu lassen. Sportler mit Eisenmangel haben in der Höhe nichts verloren.

Was aber passiert mit dem Körper in der Höhe? Zum einen wird die Sauerstofftransportkapazität erhöht, was mit einer vermehrten Produktion der roten Blutkörperchen einhergeht, die für den Sauerstofftransport zuständig sind, und zu einer gleichfalls erhöhten Konzentration des körpereigenen Hormons Erythropoietin, kurz: Epo, führt. Zum anderen wird die Sauerstoffabgabe im Gewebe verbessert, ein Effekt, der jedoch schon ein, zwei Tage nach der Rückkehr in die Ebene nicht mehr nachweisbar ist.

Um einen messbaren Trainingsreiz zu bekommen, sollte der Körper mindestens zwei, besser drei Wochen den höhenspezifischen Belastungen ausgesetzt werden. Im Klartext: Eine Woche Höhentraining bringt nichts. Denn allein fünf Tage braucht der Körper, um sich überhaupt an die Höhe zu gewöhnen.

Aber wie soll trainiert werden? Grundsätzlich ist Höhentraining eine intensive Variante des Ausdauertrainings. Der Sauerstoffmangel bewirkt, dass der Reiz der jeweiligen Belastung um drei bis zehn Prozent zunimmt – bei der gleichen Geschwindigkeit wie im Flachen wohlgemerkt.

Das Ausdauertraining findet in der Höhe im unteren bis mittleren Intensitätsbereich statt. Dabei ist die richtige Gestaltung des Höhentrainings die eine Sache, den richtigen Zeitpunkt für den Wettkampf danach zu finden eine andere. Bei einem falschen Timing kann es böse Überraschungen geben. Zwei Varianten gibt es: Entweder nach dem ersten, spätestens aber zweiten Tag nach dem Höhenlager. Oder, besser, nach 14 bis 17 Tagen. Dazwischen ist der Körper sehr anfällig, besonders zwischen dem 5. und 10. Tag.

Motiv: feelgood. Psychologische Aspekte des Trainings

Wenn Natascha Badmann über Ironman spricht, klingt alles ganz easy. „Ich sehe nicht die Steine, die da am Wegrand liegen, sondern nur die Blumen, die da blühen", sagt die zweifache Hawaii-Siegerin aus der Schweiz beispielsweise. Das mag zwar eine etwas abgespacte und keineswegs für jedermann empfehlenswerte Sichtweise der Dinge sein, für Badmann selbst aber scheint der Psychotrip allemal hilfreich zu sein, ihre Erfolge jedenfalls lassen daran kaum Zweifel. Letztendlich ist es ja auch egal, was man tut, um die Zweifel zu beseitigen, die garantiert jeden irgendwann befallen – nicht nur während der 226 Kilometer im Wettkampf, sondern auch schon davor, im Training. Und in beiden Fällen können solche Zweifel zum Äußersten führen: zur Aufgabe.

Wichtigstes Mittel dagegen: die Ziele nicht zu hoch stecken, weder im Wettkampf noch im Training. Forderungen – zumal wenn an sich selbst gestellt –, die realistisch gesehen unerfüllbar sind, werden es meist auch bleiben. Und sie sorgen für jede Menge Frust, der leicht dazu führt, dass nicht nur das komplette Training in Frage gestellt wird, sondern das gesamte Sporttreiben an sich.

„Eine wichtige Grundlage für eine dauerhafte Motivation", schreibt Klaus Egert, Sportlehrer, Diplom-Psychologe und selbst erfolgreicher Triathlet, in einem Aufsatz im Fachmagazin „Triathlet", „ist ein übergeordnetes Leitziel, an dem ich mein Handeln ausrichten kann." Wie hoch oder wie niedrig man dieses Leitziel setzt, ist freilich eine individuelle Angelegenheit und kann vom reinen Finishen bis hin zum Überbieten der eigenen Bestzeit oder gar zum Sieg reichen. „Entscheidend ist", so Egert, „dass persönliche Ziele realistisch sind und gleichzeitig eine Herausforderung darstellen." Das ständige Bewusstmachen des entsprechenden Leitziels helfe, schwierige oder

weniger anregende Situationen zu überstehen, ohne
gleich jedesmal die Sinnfrage zu stellen.
Dabei gibt es freilich Tricks, kleine Psychohilfen quasi.
So empfiehlt Egert bei Antriebsschwankungen mit mehreren Teilzielen zu arbeiten: „Damit werte ich die einzelnen Trainingseinheiten und -phasen auf, da sie erkennbar
mit dem Leitziel verknüpft sind." Ein weiterer wichtiger
Aspekt ist, dass kleinere Ziele besser überschaubar sind –
und somit den Schrecken der Unüberwindbarkeit verlieren. Langeweile und Monotonie im Training lassen sich
ohnehin mit einem einfachen Mittel vertreiben: mit Abwechslung.

Diese kann durch verschiedene Laufstrecken ebenso
gewährleistet werden wie beispielsweise durch das Einbauen von Staffelwettbewerben beim Schwimmen oder
auch durch das Betreiben von anderen Sportarten wie
beispielsweise Inlineskating oder Skilanglauf. Doch auch
beim Beachten solcher kleinen Hilfestellungen wird es in
bestimmten Phasen des Trainings wie im Wettkampf immer wieder zu kritischen Momenten kommen. Diese zu
überwinden hat sich eine psychologische Vorbereitung
schon immer ausgezahlt. Egert gibt hierfür folgende
Tipps:
▶ Erlernen von Techniken, die kritische, das erfolgreiche
Bewältigen bedrohende Situationen in einen anderen Bedeutungszusammenhang bringen, z.B. mit gezielten
Selbstgesprächen.
▶ Planen von möglichen Inhalten, auf die Selbstgespräche gerichtet werden. Das können persönliche Ziele
sein, mögliche Konsequenzen und vieles mehr.
▶ Da Triathlonwettkämpfe zu den lang andauernden Belastungen gehören, ist es besonders wichtig, über eine
größere Zahl von Strategien zu verfügen, aus denen je
nach Situation eine ausgewählt werden kann, um Resignation zu vermeiden und den Wettkampf erfolgreich zu
beenden.

Eingeteilt.
Zur Taktik des Triathlons

Früher war die Sache auf der Langstrecke mehr oder weniger so: Man schwamm, fuhr und lief sein eigenes Rennen, weitgehend ungeachtet dessen, was die anderen machten. So wie 1995 noch Thomas Hellriegel zum Beispiel. Der Badener kümmerte sich bei seiner Hawaii-Premiere einen ziemlichen Dreck um die Konkurrenz, sondern stieg nach dem Schwimmen einfach auf seine Rennmaschine und düste auf und davon – und zwar allen, Mark Allen eingeschlossen. 13 Minuten Vorsprung hatte „Hell on Wheel", wie die Amerikaner Hellriegel seither ehrfürchtig nennen, beim Wechsel auf den Marathon herausgefahren – und doch sollte der Vorsprung nicht reichen.

Hellriegel ging kurz vor dem Ziel der Akku aus – und Allen doch noch an ihm vorbei. Ein Jahr später wiederfuhr dem Deutschen Ähnliches im Duell mit Luc van Lierde: Auch der Belgier lag vor dem Marathon acht Minuten zurück, auch er holte Hellriegel, ziemlich genau an der gleichen Stelle wie im Jahr zuvor Allen, kurz vor dem Ziel noch ein. Vielleicht hatte sich Hellriegel in beiden Rennen schon auf dem Rad zu sehr verausgabt, vielleicht hat er dort Kräfte vergeudet, die ihm ein oder zwei Minuten Vorsprung gebracht, beim Marathon dann aber gefehlt und weit mehr Zeit wieder gekostet haben. Vielleicht hatte er eine falsche Taktik eingeschlagen.

„Taktik ist auf der Langstrecke nur sehr begrenzt möglich", behauptet Thomas Hellriegel zwar auch heute noch, doch ausgerechnet sein Hawaii-Sieg 1997 sagt anderes: Da lag der Badener gegen Ende der Radstrecke gemeinsam mit Jürgen Zäck wieder einmal in Führung, allerdings kaum so, dass sich die beiden in Sicherheit wiegen konnten. Also entschloss sich Zäck auf den letzten 20 Kilometern nochmal richtig Dampf zu machen, Hellriegel hingegen fasste den Entschluss, dieses nicht mitzutun, sondern Zäck ziehen und einen Zwei-Minuten-Vorsprung herausfahren zu lassen – und selbst Kräfte zu sparen. „Ich war mir sicher, dass ich ihn beim Laufen wieder hole", erinnert sich Hellriegel. Genau so kam es auch: Fast zehn Minuten schneller als der später Zweitplatzierte Zäck lief er den Marathon, Hellriegels Taktik war aufgegangen.

Exakte Einteilung der Ressourcen

„Die Kunst beim Triathlon ist", sagt der Freiburger Sportmediziner und Leistungsdiagnostiker Dr. Martin Huonker, „sich seine Ressourcen sehr, sehr exakt einzuteilen – und zwar gleichmäßig." Die Kunst beim Triathlon, zumindest für jene, für die es um den Sieg geht, ist längst aber auch, im rechten Moment aus dieser Gleichmäßigkeit ausbrechen und Attacken reiten zu können, ohne dabei allzu viele Ressourcen verschwenden zu müssen. Das setzt zum einen die Kenntnis des eigenen Könnens und der eigenen Stärken voraus, aber auch das Studieren der Stärken und Schwächen der Konkurrenz. Von Luc van Lierde beispielsweise heißt es, dass er die jeweiligen Splitzeiten seiner Gegner auswendig weiß. Das gibt ihm, dem eher mittelmäßigen Radfahrer, aber bärenstarken Läufer, zumindest den statistischen Background, mit dem er dann sein Tempo an den Rennverlauf angleichen kann, speziell auf dem Rad: Wen kann ich wann wie weit davonziehen lassen, ohne später beim Marathon chancenlos zu sein?

Das ist zumindest für van Lierde die entscheidende Frage. Beantwortet er sie sich schon während des Rennens richtig, garantiert ihm das, solange er im Vollbesitz seiner Kräfte ist, den absolut ökonomischen Einsatz seiner Kräfte – und damit meist den Sieg. Auch beim Erreichen seiner Weltbestzeit 1997 in Roth ließ sich der Belgier durch einen Zehn-Minuten-Rückstand auf Zäck und Hellriegel nicht aus der Ruhe bringen. Er wusste, dass beispielsweise Zäck in Roth den Marathon zuvor noch nie schneller gelaufen war als 2:48,25 Stunden (1994), und er war sich, so erzählte er zumindest später, ziemlich sicher, selbst in einen Bereich von 2:37 Stunden laufen zu können – also würde es zum Sieg reichen. Hätte van

Lierde hingegen schon auf dem Rad versucht, den Abstand möglichst gering zu halten oder gar das Tempo von Zäck und Hellriegel mitzugehen, wäre es gut möglich gewesen, dass er dort schon einen Großteil seines Pulvers verschossen und beim Marathon seine Stärke nicht mehr hätte ausspielen können.

Hinzu kommt der psychologische Aspekt: Wann versuche ich dem Konkurrenten zu zeigen, wie stark ich selbst bin und wie schwach er dagegen ist? Wann setze ich

▲ Der Triathlon ist erst nach dem Laufen entschieden – und der schönste Vorsprung nach dem Radfahren nützt oft nichts. Hier Lothar Leder beim Überholen.

die Attacke so, dass er es sich nicht traut zu folgen, oder erst gar nicht folgen kann? Wann zeigt der Konkurrent Schwäche, die es auszunutzen gilt? Wann breche ich den Gegner?

„Die Leute beäugen sich heute viel mehr als früher"

„Die Leute beäugen sich heute viel mehr als früher", fasst Lothar Leder all diese Dinge zusammen. Und noch mehr gilt das natürlich für die Kurzstrecke, schon weil hier selbst kleine taktische Fehler sofort bestraft werden und in der Kürze der Zeit kaum mehr auszubügeln sind. Manchmal gehört freilich auch ein bisschen Glück dazu und Zufall. Vor allem beim Schwimmen und noch mehr beim Radfahren gilt es, den Platz in einer schnellen Gruppe zu erwischen, um nicht schon vor dem Laufen den Anschluss und sämtliche Möglichkeiten auf den Sieg zu verlieren. Was die Kurzstrecke freilich noch komplizierter macht, ist die erwähnte Chance des Windschattenfahrens – und somit die Möglichkeit einer Mannschaftstaktik.

Tipps für alle

Absolute Beginners.
Trainingspläne für Anfänger

Mit Triathlon kann beinahe jeder anfangen. Er muss nur auf dem jeweils seiner Leistungsfähigkeit angepassten Niveau beginnen.

Wer anfangen will, ohne gleich auf Wettkämpfe zu schielen und ohne sich einen Jahresplan auszutüfteln, dem sollen hier Tipps und Hinweise gegeben werden.

Häufig sind Triathleten frühere Sportler in einer der drei Einzeldisziplinen: ein ehemaliger Radsportler, der schon immer gut gelaufen ist und sich nun noch im Schwimmen fit machen will. Oder eine Läuferin, die die großen Stadtmarathons nicht mehr reizen und die im Schwimmen und Radfahren eine spannende Ergänzung sieht. Oder der ausdauerstarke Ex-Schwimmer, den die bei 1.500 Meter aufhörenden Wettkampfdistanzen genervt haben, dem das Marathonschwimmen trotz olympischer Ehren noch nicht etabliert genug ist und der also auf Triathlon umsteigt.

Solche Triathleten benötigen, aufgrund ihrer größeren Ausdauerfähigkeit, ein anderes, nämlich anspruchsvolleres Training als beispielsweise der Lange-Zeit-Nicht-Sportler, der mit Triathlon wieder aktiv werden will.

Die Lange-Zeit-Nicht-Sportler sollten mit einfachen Trainingsübungen beginnen, verteilt etwa auf drei oder vier Tage die Woche. Hier folgt ein Zehn-Wochen-Plan, an dessen Ende die mit ziemlicher Sicherheit erfolgreiche Teilnahme an einem Jedermann-Triathlon stehen sollte.

Woche 1:

Montag	30 Minuten Laufen (wenn das schon schlaucht: Pause machen und die 30 Minuten als 3-mal 10 Minuten oder 4-mal 5 Minuten plus einmal 10 Minuten absolvieren – nie etwas erzwingen!)
Mittwoch	3-mal 10 Minuten Kraulschwimmen
Freitag	60 Minuten Radfahren

Die Intensität in dieser ersten Woche sollte möglichst niedrig liegen: laufen ohne zu schnaufen, schwimmen so, dass man gerne an der Wand umdreht und sich wieder abstößt, Rad fahren ohne roten Kopf. Und: lieber eine Pause machen, als den Spaß zu verlieren.

Woche 2:

Montag	30 Minuten Laufen
Mittwoch	20 Minuten Kraulen am Stück
Freitag	60 Minuten Radfahren

Für die Intensität gilt das Gleiche wie in Woche eins.

Woche 3:

Montag	40 Minuten Laufen
Mittwoch	20 Minuten Kraulen am Stück
Freitag	60 Minuten Radfahren

Für die Intensität gilt erneut das Gleiche. Aber vergleichen Sie die Distanzen, die sie laufend, schwimmend, radelnd absolvieren. Diese werden, ohne dass Sie sich wesentlich mehr angestrengt haben, schon weitaus mehr als in der ersten Woche betragen.

Woche 4:

Montag	40 Minuten Laufen
Mittwoch	30 Minuten Kraulen am Stück
Freitag	90 Minuten Radfahren

Intensität: wie oben.

Woche 5:

Montag   40 Minuten Laufen
Mittwoch   60 Minuten Radfahren
Freitag   40 Minuten Kraulen am Stück
Sonntag   60 Minuten Radfahren

▲ Überanstrengung – vor allem durch zu hohe Geschwindigkeit – macht keinen Sinn.

Bauen Sie beim montäglichen Laufen ruhig mal ein Fahrtspiel ein: eine Wegstrecke schneller laufen, eine andere ganz langsam, einen kurzen Sprint, ein Bergauflauf, ein längeres ruhiges Traben, vielleicht gar Gehen, und dann wieder eine mittellange Strecke mit höherem Tempo.

Woche 6:

Montag   40 Minuten Laufen
Mittwoch   60 Minuten Radfahren
Freitag   4-mal 5 Minuten Kraulen mit hohem Tempo, die Pause kann bis zu 4 Minuten dauern, dann 20 Minuten ruhiges Kraulen
Sonntag   60 Minuten Radfahren

Intensität: Wenn Sie eine Trainingseinheit in der Woche –

in dieser ist es das Schwimmen – intensiver gestalten, sollten Sie die anderen entsprechend ruhiger angehen lassen.

Woche 7:

Montag	60 Minuten Laufen
Mittwoch	60 Minuten Radfahren
Freitag	30 Minuten Kraulen
Sonntag	60 Minuten Radfahren

Intensität: ruhig, locker, niedrig

Woche 8:

Montag	30 Minuten Laufen, dann 40 Minuten Radfahren
Mittwoch	40 Minuten Radfahren, dann 30 Minuten Laufen
Freitag	40 Minuten Schwimmen
Sonntag	40 Minuten Radfahren, dann 40 Minuten Laufen

Woche 9:

Montag	40 Minuten Laufen, dann 40 Minuten Radfahren
Mittwoch	40 Minuten Radfahren, dann 40 Minuten Laufen
Freitag	40 Minuten Schwimmen
Sonntag	120 Minuten Radfahren

Woche 10:

Montag	40 Minuten Radfahren, dann 40 Minuten Laufen
Mittwoch	40 Minuten Radfahren, dann 40 Minuten Laufen
Freitag	30 Minuten lockeres Schwimmen
Sonntag	Ihr erster Jedermann-Triathlon, bestehend aus:

500 Meter Schwimmen
20 Kilometer Radfahren
5 Kilometer Laufen

Appetit!
Richtige Ernährung für Triathleten

Selbst bei Triathleten der Weltklasse leuchten die Augen, wenn das Zauberwort McDonalds fällt. Mit einem Besuch beim „Schotten" um die Ecke, wahlweise auch im benachbarten Pizza-Hut, kann man selbst den Herren Leder und Hellriegel eine nicht geringe Freude bereiten, bei einem Big-Mac bleibt es dann meistens nicht. Triathleten also als Fast-Food-Junkies?

Geschichten über entsprechende Fress-Exzesse gibt es ja einige, wahr davon dürfte kaum eine sein. Wer Triathlon betreibt, sollte sich gesund ernähren – mehr noch: Er muss es. Der tägliche Besuch bei McDonalds darf also getrost in den Bereich der Fabel verwiesen werden, bei derartiger Kost hat garantiert noch kein Triathlet einen Ironman gewonnen.

Wie aber soll man sich ernähren als Dreikämpfer? Auf was gilt es denn zu achten? Ratgeber und Ernährungspläne gibt es nun wirklich genug – und in der Theorie mag sich denn auch so manches wunderbar lesen oder anhören. Im normalen Leben, zumal mit Familie und Beruf, ist das aber schnell graue Theorie, weil im Alltag kaum Zeit bleibt, jede einzelne Kalorie abzuzählen oder seinen so exakt ausgeklügelten Nährstoffplan aufs Prozent genau einzuhalten.

Für den normalen Triathleten dürfte es also mehr ums Grundsätzliche gehen denn ums ganz Spezielle, zunächst einmal also um eine ganz normale, ausgewogene Ernährung. Diese besteht laut klassischer Ernährungspyramide aus 40 Prozent Getreideprodukten, 35 Prozent Früchten und Gemüse, 20 Prozent Milchprodukten sowie Fisch, Fleisch und Geflügel sowie fünf Prozent Fetten und Zucker. Wer seine tägliche Nahrungsaufnahme in etwa so gestaltet, ist bereits auf einem guten Ernährungsweg – und begeht bestimmt keinen Fehler.

Prinzipiell unterschieden wird zwischen drei Nährstoffen: Eiweiß, Fett und Kohlenhydrat, wobei lediglich die Kohlenhydrate und Fette für die Energie-Bereitstellung von Belang sind, das Eiweiß hingegen zur Zellbildung benötigt wird. Der Marathonläufer Manfred Steffny, 1988 und 1972 Olympiateilnehmer, hat in seinem äußerst empfehlenswerten Buch „Marathontraining" wie folgt beschrieben: Eiweiß ist für den Ofen nötig, Kohlenhydrat und Fett für das Feuer. Wobei beim Eiweißbedarf des Menschen von 1 g pro kg Körpergewicht täglich ausgegangen wird, bei Jugendlichen und bei Sportlern, die das Training gerade aufgenommen haben, kann der Wert durchaus bei 2 g pro kg Körpergewicht liegen.

Eiweiße

Eiweiße, auch Proteine genannt, sind vor allen Dingen in Fleisch, Käse, Quark und Milch enthalten. Da der Körper keine Eiweißspeicher besitzt, müssen die täglich verlorenen Proteine regelmäßig ersetzt werden. Eine ausreichende Eiweißzufuhr ist somit für jeden Triathleten wichtig, schon weil sie die muskulären Fähigkeiten fördert. Gerade in Phasen der Regeneration oder auch zur weiteren Leistungssteigerung werden Eiweiße dringend benötigt, ein Aspekt, der lange Zeit von vielen Ausdauersportlern so gut wie völlig außer Acht gelassen wurde.

Kohlenhydrate

Mit Triathlon oder auch Marathon hingegen schon immer in Verbindung gebracht wurden und werden Kohlenhydrate. Sie kommen in der Nahrung am meisten vor, z.B. in Zucker, Brot, Nudeln, Reis, Hafer, Weizen, Roggen, Gerste, Hirse, Weizenflocken, Kartoffeln, Hülsenfrüchten und zahlreichen anderen Lebensmitteln – und sie sollten auch am meisten aufgenommen werden. Eine kohlenhydratreiche Ernährung sorgt für einen erhöhten Glykogengehalt im Muskel, was eine erhöhte Energiebereitstellung zur Folge hat und somit eine verbesserte Ausdauerleistungsfähigkeit.

Energiereserve Fett

Bleibt als dritter Nährstoff das Fett, das die Energiereserve des Körpers darstellt. Gleichzeitig aber gilt es zu beachten, dass nur das aktive Körperfett für den Sportler verwertbar ist – und eine fettreiche Ernährung schon deshalb keineswegs größere Energiereserven mit sich bringt. Im Gegenteil: Fette engen, weil unter anderem auch sätti-

◄ Auch unterwegs ist Nahrungsaufnahme wichtig.

gend, die Nahrungsaufnahme von Eiweißen und Kohlenhydraten ein und sollten 20 bis 25 Prozent auf keinen Fall überschreiten. Dies kann unter anderem durch den Verzehr fettarmer Eiweißspender wie fettarme Käse und Milchprodukte gewährleistet werden, aber auch durch den reduzierten Verbrauch von Nahrungsmitteln, die versteckte Fette aufweisen, was unter anderem bei Fleisch, Wurst, Schokolade, Kuchen, Eiern, Pfannkuchen, Pommes Frites und Mehlspeisen der Fall ist.

In welchem Verhältnis von Kohlenhydraten, Eiweißen und Fetten die Nahrung zusammengestellt werden sollte, darüber sind sich selbst die Gelehrten nicht ganz einig. So

Der richtige Mix

▲ Ernährung ersetzt andere Wege der Kraftvermehrung nicht.

sieht der Sportmediziner Dr. Wolfgang Heipertz für den Sportler einen Idealwert bei 4:1:1, während Prof. Josef Nöcker ein Verhältnis von 10:2:1 als ideal angibt, zumindest für den Leistungssportbereich. Der in Triathlonkreisen bekannte Dr. Ulrich Strunz (Eigenwerbung: „der Fitnesspapst") wiederum empfiehlt eine 3:1:1-Mischung. Selbst bei einer solch ausgewogenen, abwechslungs- und energiereichen Ernährung kann aber, zumindest bei etwas ambitionierteren Triathleten und vor allem in der intensiven Trainings- und Wettkampfphase, auf eine Supplementierung von Vitaminen und Mineralien nicht vollständig verzichtet werden, schon weil beim Triathleten Mineralstoffe in verstärkter Form durch den Schweiß verloren gehen. Vor allem Eisen und Magnesium lassen sich durch die normale Nahrung kaum ersetzen und müssen durch entsprechende Zusätze eingenommen werden. Dies sollte jedoch nicht ohne ärztliche Kontrolle geschehen.

Zur Nahrungsaufnahme gehört auch das Trinken. Hier werden schon dem „normalen" Menschen bis zu zwei Liter täglich empfohlen, bei Sportlern kann sich diese Menge wegen des erhöhten Flüssigkeitsverlustes durchaus mal verdoppeln, wobei empfohlen wird, auf reines Wasser zurückzugreifen, das man auch im Alltag in Form einer Wasserflasche jederzeit griffbereit haben kann. Vor allem ist wichtig, und dies gilt nicht nur für Training und Wettkampf, zu trinken, bevor sich ein Durstgefühl einstellt. Somit wird ein zu großer Wasserverlust erst gar nicht zugelassen, im Wettkampf verhindert genau dies die Dehydration.

Trainings-ernährung

Ein voller Bauch studiert nicht gern. Der alte Spruch lässt sich auch in die Welt des Sports übersetzen: Ein voller Bauch trainiert nicht gern, würde er dort heißen. Wobei es nur allzu einleuchtend scheint, nicht mit vollgestopftem Ränzlein aufs Rad zu steigen oder auf die Laufstrecke zu starten. Mindestens zwei bis drei Stunden sollte die letzte größere Mahlzeit schon zurückliegen, wenn man ins Training startet. Die Nahrungsaufnahme dort, zumindest die feste, dürfte kein Problem darstellen, für die Verpflegung unterwegs seien vor allem langkettige Kohlenhydrate empfohlen, wie sie sich zum Beispiel in den verschiedensten Energieriegeln wiederfinden.

Weitaus größere Bedeutung bereits im Training kommt der Flüssigkeitszufuhr zu, die von Anfang an gewährleistet sein muss. Auch sollte man nach dem Training, zumal wenn es extrem schweißtreibend war, nicht entgegen früherer Annahme dürsten, sondern seinen Wasserhaushalt möglichst bald nach dem Training wieder ausgleichen. Dabei geht es keineswegs darum, möglichst viel Flüssigkeit in sich hineinzuschütten, sondern schlichtweg seinen Durst zu löschen. Man sollte allerdings nicht warten, bis sich das Durstgefühl meldet, sondern präventiv trinken.

Ernährung im Wettkampf

Als wichtigste Faustregel für die Ernährung während des Wettkampfes gilt: Wenn sich ein Gefühl von Hunger oder Durst erst einmal einstellt, ist es meist schon zu spät und der Ofen im wahrsten Sinne des Wortes aus. Um genau dies zu vermeiden, ist es angeraten, mit einem genauen Versorgungsplan in einen Wettkampf zu starten, vor allem dann, wenn es über die Ironman-Distanz geht und man seinen Körper über zehn, elf oder noch mehr Stunden versorgen muss. Und zur Selbstverständlichkeit sollte es auch gehören, im Wettkampf auf bereits Erprobtes zurückzugreifen – und nicht plötzlich Getränke oder Riegel zu sich zu nehmen, von denen man nicht weiß, ob und wie sie der Körper verträgt.

Dies zu gewährleisten, haben sich gerade auf der Radstrecke sogenannte „Camelbacks", eine Art Wasserrucksäcke, als praktisch erwiesen. Sie ermöglichen es, rund zwei Liter seines eigenen, individuell zusammengestellten „Energiegebräus" mit sich zu führen und sorgen so für eine gewisse Unabhängigkeit von den auf der Strecke angebotenen Getränken. Selbst bei einer angeratenen Trinkfrequenz von 15 bis 20 Minuten ermöglicht es dieses mitgeführte Flüssigkeitsreservoir, während des Rennens auf fremde und somit ungewohnte Elektrolytgetränke weitgehend zu verzichten und bei den Verpflegungsstationen lediglich reines Wasser oder, wenn man es gewohnt ist, Cola aufzunehmen. Wobei dies vor allem beim abschließenden Marathon gar nicht so einfach ist und ebenfalls im Vorfeld geübt werden sollte. Denn schnell hat man bei einem Verpflegungsstand daneben gegriffen oder mehr verschüttet als getrunken, ein Missgeschick, das sich im weiteren Verlauf des Rennens bitter rächen kann.

Neben Flüssigkeit muss der Körper während eines Ironmans ständig auch mit Kohlenhydraten versorgt werden. Hier haben in den letzten Jahren verschiedenartige Gels die Energieriegel in der Beliebtheit abgelöst. Das Gel hat den Vorteil, dass es mit Flüssigkeit hinuntergeschluckt werden kann und für den Magen-Darm-Trakt einfacher aufzunehmen und verträglicher ist. Welche Art und wie oft man Riegel oder Gel im Wettkampf zu sich nehmen möchte, sollte ebenfalls im Training erprobt werden. Angeraten scheint eine Frequenz zwischen 20 und 30 Minuten auf dem Rad bzw. zwischen 15 und 20 Minuten beim Marathon. Sinnvoll ist schon während des Wettkampfs die Zufuhr von Magnesium, am besten in Form von kleinen Tabletten und somit gut zerkaubar. Zu achten ist auch hier auf die Verträglichkeit.

Finden Sie es heraus!

Was verträglich ist, finden Sie im Alltag heraus: beim Training und im Wettkampf, also beim Laufen, Schwimmen und Radfahren. Wie Sie *alles* herausfinden werden, wenn Sie mit Hilfe des Triathlonsports die Grenzen Ihres Körpers entdecken. Was Ihnen gut tut und was zu viel des Guten ist. Finden Sie heraus, ob und wie viel Spaß Sie am Triathlon haben, mit welchem Zeiteinsatz Sie ihn betreiben wollen und welche Ziele Sie anpeilen: Ob Jedermann-Triathlon oder Ultradistanz, einfaches Finishen oder Rekordjagd – alles ist möglich, aber nichts ist Pflicht.

. . . . **Anhang**

Kleine Triathlongeschichte

Ab 1820: Mehrkämpfe bei den Turnern, meist aber ohne Ausdauersportinhalte.

Ab 1860: Nach der englischen Schulreform wird in den public schools Laufsport gelehrt, Beginn der Ausdauerbewegung.

1882: „Mixed Meeting" in Hamburg, wo Flachrennen, Hindernisrennen und 2.000 Meter Radrennen in einer Großveranstaltung hintereinander durchgeführt wurden. Ähnliche „Mixed-Meetings" fanden in Deutschland um die Jahrhundertwende häufig statt.

1890: Der Berliner Verein für Velociped-Wettfahren veranstaltet einen „Wettlauf" für seine Mitglieder.

1896: Der Spandauer Radfahrerclub „Germania" veranstaltet ein „Fußwettlaufen" über 7.500 Meter.

Um 1900: Berliner Chausseerennen: Radfahrer werden als Tempohasen für Läufer eingesetzt.

Um 1900: Der Moderne Fünfkampf kommt im schwedischen Heer auf. 1908/09 wird er auf Initiative von Baron Pierre de Coubertin ins Olympische Programm genommen. Coubertins Versuch, statt Schießen (neben Reiten, Fechten, Schwimmen und Laufen) mit Rudern eine weitere Ausdauersportart aufzunehmen, scheitert jedoch.

Ab 1900: In Deutschland werden Gepäckmärsche populär. Massenhaft setzen sie sich durch, bzw. werden durchgesetzt im NS-Deutschland nach 1933; sie gehen meist über 100 km. Hinzu kommt Geländesport: Laufen – Schießen – Lasttragen – Werfen.

1901: Beim FC Württemberg wird ein Wettbewerb, bestehend aus Radfahren, Eislaufen und Fußballspielen, durchgeführt.

1905: Carl Diem löst eine Waldlaufbewegung aus.

1912: Carl Diem führt nach schwedischem Vorbild das Deutsche Sportabzeichen ein, eine Mehrdisziplinenprüfung.

1963: Erster Volkslauf in Deutschland (Bobingen). Es kommt zu „Trimmtrab", „Lauf mal wieder" und „Laufen ohne zu schnaufen"-Aktionen.

1970: In Schweden wird der „Svensk-Klassiker" gegründet. Er ist eine Gesamtwertung aus dem Wasa-Lauf (Ski-Langlauf), dem Radrennen um den Vättern-See, dem Geländelauf Lindigö-Loppet und dem Flussschwimmen von Vansbro.

1973: In San Diego findet die 2. Ausgabe des Dave Pain Birthday Biathlon (4,5 Meilen Laufen plus eine Viertelmeile Schwimmen) statt

1974: In Norwegen wird nach schwedischem Vorbild der „Norsk-Klassiker" aufgelegt, an dem – anders als in Schweden – auch Frauen teilnehmen dürfen: 42 km Skilanglauf, 170 km Radfahren, 2,5 km Schwimmen und 20 km Laufen.

1974: 25. September. In San Diego findet der Mission Bay Triathlon statt (6 Meilen Laufen, 5 Meilen Radfahren, 500 Yards Schwimmen in jeweils kleinen Teilabschnitten). Erstmals wird dabei der Begriff Triathlon benutzt.

1976: In Deutschland wird der „Husum-Klassiker" eingeführt: Innerhalb einer Woche stehen 50 km Gehen, 1,5 km Schwimmen, 150 km Radfahren und ein Marathon auf dem Programm.

1978: 18. Februar: Auf Hawaii findet aufgrund einer Wette der erste Ironman-Wettbewerb statt. Sieger wird Gordon Haller (USA) in 11:46,40 h.

1979: 14. Januar: Zweiter Ironman auf Hawaii. Mit Lyn Lemaire aus Boston nimmt erstmals eine Frau teil (12:55,38 h). Bei den Männern gewinnt Tom Warren (11:15,56 h).

1980: 10. Januar: Dritter Ironman auf Hawaii, erstmals über 100 Teilnehmer. Dave Scott (9:24,33 h) holt seinen ersten Sieg, erstmals bewältigt ein Mensch einen Ironman unter zehn Stunden.

1980: Im deutschen Frammersbach findet ein Ausdauerdreikampf statt, der aus Schwimmen, Radfahren und Laufen an einem Tag besteht, bei dem aber zwischen den Disziplinen mehrstündige Unterbrechungen gemacht werden.

1981: In der Tschechoslowakei findet die erste Triathlon-Veranstaltung in Europa statt.

1981: Erster Triathlon in Westeuropa: ein Langtriathlon in Almere (Niederlande).

1981: Beim vierten Hawaii-Ironman nehmen schon 304 Männer und 22 Frauen teil. Erstmals – und seither fest – ist Kailua Kona Austragungsort.

1982: Erste Live-TV-Übertragung des Ironman: Die Amerikanerin Julie Moss wird – völlig dehydriert – auf der Ziellinie von Kathleen McCartney überholt.

1982: Am 25. April findet im Essener Grugabad die erste deutsche Triathlon-Veranstaltung statt. Ernst Peter Berghaus organisiert einen Wettbewerb bestehend aus 1 km Schwimmen, 70 km Radfahren, 10 km Laufen.

1982: Sieben weitere Veranstaltungen in Deutschland folgen: Ansbach, Kassel, Gerolstein, Kehl, Fischbach und am Edersee mit insgesamt 300 Teilnehmern. Meist bestehen sie aus: 1 bis 2 km Schwimmen, 50 km Rad, 10 km Laufen.

1982: Manuel Debus und Detlef Kühnel sind die ersten deutschen Teilnehmer auf Hawaii.

1982: In Nizza findet die erste inoffizielle Lang-WM statt.

1983: In Deutschland finden 15 Veranstaltungen mit 3.000 Startern statt.

1983: In St. Kanzian am Klopeinersee findet der erste Triathlon Österreichs statt.

1983: In Zürich gibt es den ersten Triathlon der Schweiz.

ab 1983: Es finden Triathlon-Veranstaltungen in Schluchsee, Immenstadt, Worms, Koblenz statt.

1983: Manuel Debus gründet in Nürnberg den Deutschen Triathlon Verband (DTV).

1984: In Koblenz wird von Günther Kissler der Deutsche Triathlonbund (DTrB) ins Leben gerufen.

1984: Die European Triathlon Union (ETU) wird gegründet.

1984: In Deutschland sind 3.000 Aktive registriert.

1984: In Immenstadt findet die erste Deutsche Meisterschaft statt: 1,9 km Schwimmen, 115 km Radfahren, 29 km Laufen.

1984: 50 Veranstaltungen mit 10.000 Startern finden in Deutschland statt.

1984: Beim Hawaii-Ironman wird erstmals die 1.000er-Teilnehmer-Grenze überschritten. Es nehmen 15 Deutsche teil.

1984: Dave Scott ist der erste Ironman unter der Neun-Stunden-Marke: 8:54,20 h.

1984: Der erste Frankentriathlon des TSV Roth findet statt.

1984: In Durham/England und in Köln finden zwei inoffizielle Europameisterschaften statt.

1985: Die erste offizielle Europameisterschaft in Immenstadt.

1985: In Deutschland gibt es schon 100 Veranstaltungen mit knapp 20.000 Startern. Über 18.000 nehmen an Kurztriathlons (1 km Schwimmen, 40 km Radfahren, 10 km Laufen) teil, nur 200 starten bei Lang-Triathlons.

1985: DTV und DTrB fusionieren zur Deutschen Triathlon Union (DTU).

1986: Dave Scott ist der erste Ironman unter der Achteinhalb-Stunden-Marke: 8:28,37 h.

1986: In Deutschland gibt es mittlerweile 160 Veranstaltungen mit 30.000 Startern.

1986: Die erste Deutsche Meisterschaft wird in Roth ausgetragen.

1986: Es finden schwierige Gespräche der DTU mit den Fachverbänden Bund Deutscher Radfahrer (BDR), dem Deutschen Leichtathletik-Verband (DLV) und dem Deutschen Schwimmverband (DSV) statt, wie Triathlon von deren Angeboten abgegrenzt werden kann.

1987: Die DTU beantragt – erfolgreich – die Aufnahme in den Deutschen Sportbund (DSB).

Mai 1987: Es erfolgt eine Absprache mit dem DLV, dass die Verbände nicht gegenseitig in die Belange des jeweils anderen eingreifen dürfen.

1987: Der Weltverband Triathlon Federation International (TFI) wird gegründet.

1987: Die Zahl der Veranstaltungen in Deutschland wächst auf 200 mit 50.000 Startern an. Hinzu kommen 100 so genannte „Trimmathlon"-Veranstaltungen mit über 10.000 Startern.

1987: Die Europameisterschaft über die Mitteldistanz findet in Roth vor 50.000 Zuschauern statt. Ein US-Journalist spricht vom „German-Boom".

1987: In Australien findet erstmals eine – noch inoffzielle – Kurz-WM statt: 1,5 km Schwimmen, 40 km Radfahren und 10 km Laufen.

Seit 1988: Alle Europäer, die zum Ironman nach Hawaii wollen, müssen sich in Roth dafür qualifizieren.

1991: In Roth bleibt die Niederländerin Thea Sybesma als erste Frau unter der Neun-Stunden-Marke (8:55,29 h).

1996: Lothar Leder bleibt beim Ironman in Roth als erster Mensch unter der Acht-Stunden-Marke (7:57:02 h).

1996: Luc van Lierde aus Belgien ist der erste europäische Sieger auf Hawaii.

1996: Es gibt bereits 30.000 Mitglieder in der Deutschen Triathlon Union.

1997: Beim Ironman Europa bleiben mit Luc van Lierde, Thomas Hellriegel, Lothar Leder und Jürgen Zäck gleich vier Sportler unter der Acht-Stunden-Marke.

1997: Thomas Hellriegel aus dem badischen Büchenau bei Bruchsal ist erster deutscher Hawaii-Sieger.

2000: Bei den Olympischen Sommerspielen in Sydney steht erstmals der Triathlon auf dem Programm. Über die olympische Kurzstrecke (1,5 km Schwimmen, 40 km Radfahren, 10 km Laufen) gewinnt bei den Frauen Brigitte McMahon (Schweiz), bei den Männern Simon Whitfield (Kanada). Der Deutsche Stephan Vuckovic holt die Silbermedaille.

2001: Der Triathlon in Roth verliert seinen Ironman-Status und ist künftig kein Qualifikationsrennen für Hawaii mehr.

Siegerinnen & Sieger: Hawaii

Sieger			**Siegerinnen**		
2000	Peter Reid	8:21:01 h	2000	Natascha Badmann	9:26:17
1999	Luc van Lierde	8:17:17	1999	Lori Bowden	9:13:05
1998	Peter Reid	8:24:20	1998	Natascha Badmann	9:24:16
1997	Thomas Hellriegel	8:33:01	1997	Heather Fuhr	9:31:43
1996	Luc van Lierde	8:04:08	1996	Paula Newby-Fraser	9:06:49
1995	Mark Allen	8:20:34	1995	Karen Smyers	9:16:46
1994	Greg Welch	8:20:27	1994	Paula Newby-Fraser	9:20:14
1993	Mark Allen	8:07:45	1993	Paula Newby-Fraser	8:58:23
1992	Mark Allen	8:09:08	1992	Paula Newby-Fraser	8:55:28
1991	Mark Allen	8:18:32	1991	Paula Newby-Fraser	9:07:52
1990	Mark Allen	8:28:17	1990	Erin Baker	9:13:42
1989	Mark Allen	8:09:15	1989	Paula Newby-Fraser	9:00:56
1988	Scott Molina	8:31:00	1988	Paula Newby-Fraser	9:01:01
1987	Dave Scott	8:34:13	1987	Erin Baker	9:35:25
1986	Dave Scott	8:28:37	1986	Paula Newby-Fraser	9:49:14
1985	Scott Tinley	8:50:54	1985	Joanne Ernst	10:25:22
1984	Dave Scott	8:54:20	1984	Sylviane Puntous	10:25:13
1983	Dave Scott	9:05:57	1983	Sylviane Puntous	10:43:36
1982	Dave Scott	9:08:23	1982	Julie Leach	10:54:08
1982	Scott Tinley	9:19:41	1982	K. McCartney	11:09:40
1981	John Howard	9:38:29	1981	Linda Sweeney	12:00:32
1980	Dave Scott	9:24:33	1980	Robin Beck	11:21:24
1979	Tom Warren	11:15:56	1979	Lyn Lemaire	12:55:38
1978	Gordon Haller	11:46:40			

Siegerinnen & Sieger: Roth

Sieger			Siegerinnen		
2000	Lothar Leder	8:19:38	2000	Heather Fuhr	9:32:08
1999	Jürgen Zäck	7:56:00	1999	Joanne King	9:26:59
1998	Jürgen Zäck	8:03:59	1998	Katja Schumacher	9:27:43
1997	Luc van Lierde	7:50:27	1997	Susan Latshaw	8:59:31
1996	Lothar Leder	7:57:02	1996	Ute Mückel	9:21:30
1995	Jürgen Zäck	8:08:07	1995	Paula Newby-Fraser	9:06:34
1994	Jürgen Zäck	8:01:59	1994	Paula Newby-Fraser	8:50:53
1993	Christian Bustos	8:03:19	1993	Katinka Wiltenburg	9:18:49
1992	Joe Everts	8:06:12	1992	Paula Newby-Fraser	8:55:00
1991	Pauli Kiuru	8:04:54	1991	Thea Sybesma	8:55:29
1990	Pauli Kiuru	8:21:13	1990	Jane Wanklyn	9:21:29
1989	Jürgen Zäck (Halbdistanz)	3:59:59	1989	Simone Mortier (Halbdistanz)	4:31:04
1988	Axel Koenders	8:13:11	1988	Rita Keitmann	10:07:35

Lang-Triathlon-Veranstaltungen

Februar – IRONMAN South Africa, *www.ironmanafrica.com*

März – IRONMAN New Zealand, *www.ironman.co.nz*

April – IRONMAN Australia, *www.ironmanoz.com*

Mai – IRONMAN Lanzarote, *www.ironmanlanzarote.com*

Mai – Powerman Zofingen, *www.powerman.ch*

Mai – IRONMAN California, *www.ironmancalifornia.com*

Mai / Juni – IRONMAN Malaysia Triathlon, *www.ironmanlangkawi.com.my*

Juni – IRONMAN Asia Triathlon, *www.ironmanasia.com*

Juni – IRONMAN Europe, Roth, *www.ironman.de*

Juni – Sachsenman, Moritzburg, *www.sachsenman.de*

Juni/Juli – IRONMAN Austria, Klagenfurt, *www.ironman.at*

Juni/Juli – IRONMAN Lake Placid, USA, *www.ironmanusa.com*

August – Steel Town Man, Linz, *www.steel-town-man.at*

August – IRONMAN Switzerland, Zürich, *www.ironman.ch*

August – IRONMÖNCH, Kulmbach, *www.ironmoench.de*

August / September – IRONMAN Canada, *www.ironman.ca*

September – Powerman Spalt, *www.powerman.de*

Oktober – IRONMAN Hawaii, *www.ironmanlive.com*

November – IRONMAN Florida, *www.ironmanflorida.com*

Adressen

Triathlon im Internet

www.triathlon-online.de
Hier finden sich viele Links zu den Homepages von Vereinen und Veranstaltungen. Außerdem bietet die Side sehr aktuell die neuesten Infos aus der Triathlon-Welt, ein Forum für Trainings- und Technikfragen und einen guten Termin- und Ergebnisdienst.

www.3athlon.de
Gut gestaltete Side mit News und Reportagen von Veranstaltungen.

www.dtu.org und *www.dtu-ver.org*
Das sind die offiziellen Sides der Deutschen Triathlon Union. Hier finden sich alle Veranstaltungen, Ergebnisse, Regeln und etliches mehr. Sehr gut gestaltet und aktuell gehalten.

www.transitiontimes.com
Eine Mischung aus Magazin und Mailinglist. Englischsprachig und sehr informativ.

www.one.net/~~triweb/triweb.html
Privat eingerichtete sehr informative englischsprachige Seite, vor allem mit Wettkampfberichten.

www.competitor.com
Ein englischsprachiges Magazin allgemein über Extremsport, in dem es viel um Triathlon geht.

www.planet-triathlon.com
Eine französischsprachige Side.

www.oztri.com.au
The Australian Triathlete Magazine.

Verbände

International Triathlon Union
www.triathlon.org

European Triathlon Union (ETU)
www.etu.org

Deutsche Triathlon Union
Otto-Fleck-Schneise 12
60528 Frankfurt/Main
Tel. 069/677205-0, Fax: 677205-11
dtu.hq@t-online.de
www.dtu.org
www.dtu-ver.org

Schweizerischer Triathlon Verband
Wehntalerstrasse 637
CH-8046 Zürich
Tel. ++41(0)1 371 80 10
Fax ++41(0)1 371 80 09
reinhard_standke@csi.com

Österreichischer Triathlonverband
Hans-Sachs-Gasse 7/4/2
A-8010 Graz
Tel. 0316/830813, Fax 830693
erwinb@magnet.at

Baden-Württemb. Triathlon-Verband
Geschäftsstelle: Ringstr. 6, 70736 Fellbach, Tel.: 0711/573238, Fax: 573223
info@bwtv.de

Bayerischer Triathlon-Verband
Geschäftsstelle: Georg-Brauchle-Ring 93, 80992 München,
Tel.: 089 / 15702392, Fax: 15702215

Berliner Triathlon-Verband
Geschäftsstelle: Gerd Schmidl, Kaiserkorso 5, 12101 Berlin,
Tel. 030/7854475, TriVB@t-online.de

Brandenburgischer Triathlon Bund
Geschäftsstelle: Postfach 118, 03238 Finsterwalde, Fax: 03531/30036 p.,
FredWesthaus@t-online.de

Bremer Triathlon Verband
Geschäftsstelle: Dr. Günter Scharf, Goethestr. 19, 28203 Bremen, Tel. und Fax: 0421/78782,
bremer.triaverband@t-online.de

Hamburger TriathlonVerbund
Geschäftsstelle: Heebrook 19, 22689 Hamburg, Tel. und Fax: 040/8700381

Hessischer Triathlon Verband
Geschäftsstelle: Am Trautheim 21/23, 64367 Mühltal/Trautheim,
Tel.: 061 51/144376, Fax: 144321

Triathlonverb. Mecklenb.-Vorpommern
Geschäftsstelle: Triathlonverb. Mecklenburg-Vorpommern, Kopernikusstr. 17, 18057 Rostock,
Tel. 0381/2013730, Fax 2013731,
triathlon-mv@t-online.de

Triathlon Verband Niedersachsen
Geschäftsstelle: Heerter Weg 1, 38229 Salzgitter,
Tel.: 05341/25899, Fax: 229109

Nordrhein-Westfälischer Triathlon-Verband NRWTV
Geschäftsstelle: Adolf-Reichwein-Schule, Am Stadion 11, 58453 Witten,
Tel. 02302/422021, Fax: 422022,
nrwtv@t-online.de

Rheinland-Pfälzischer Triathlon Verband
Geschäftsstelle: Udo Schöneberger, Langecker Str. 20, 67475 Weidenthal,
Tel.: 06329/989040, Fax: 989041

Saarländische Triathlon Union
Geschäftsstelle: Postfach 459162, 66059 Saarbrücken, Tel.: 0681/881276,
Fax: 881276, Stu@saarnet.de

Sächsischer Triathlon Verband
Geschäftsstelle: Windorfer Str. 52, 04229 Leipzig, Tel.: 0341/4797678

Triathlon Verband Sachsen-Anhalt
Geschäftsstelle: Volker Kloppe, Kreuzvorwerk 22, 06120 Halle,
Tel. und Fax: 0345/5510461,
Tel.: 034603/20948 p.

Schleswig-Holstein. Triathlon Union
Geschäftsstelle: Dieter Haushahn, Schneiderkoppel 20, 24109 Melsdorf,
Tel.: 04340/1860, Fax: 1868,
shtu-geschaefts-pressestelle@foni.net

Thüringer Triathlon Verband
Geschäftsstelle: Turniergasse 17, 99084 Erfurt,
Tel.: 0361/6551735, Fax: 6551737

Fachzeitungen

Speziell für Triathlon

Triathlon
Das Magazin der Deutschen Triathlon
Union (als DTU-Startpassinhaber er-
hält man „Triathlon" automatisch).
Verlag: Agentur WAG's;
Armin Schirmaier, Postfach 5607;
79023 Freiburg;
Telefon: 0761/ 34905; Fax 34906;
E-Mail: wags@t-online.de

Triathlet
22, rue de la concorde; 1050 Brüssel;
Telefon: 0032/2/2892544;
Fax: 0032/2/2892561
www.triathletemag.com

Laufzeitschriften

Condition
Meyer & Meyer Verlag,
Von-Coels-Str. 390, 52080 Aachen,
Tel. 0241/958100, Fax: 9581010,
verlag@meyer-meyer-sports.com

Laufzeit
Danziger Str. 219,
10407 Berlin, Tel. 030/4235066,
Fax: 4241717, laufzeit@berlin.de,
www.laufzeit-online.de

Runner's World
Heinrich-Vogl-Straße 22,
81737 München, Tel. 089/627149-22
leserservice@runners-world.de,
www.runnersworld.com
(in englischer Sprache)

Running
Agentur WAG's, Postfach 5607,
79023 Freiburg,
Tel. 0761/2171759, Fax: 2171761,
redaktion@running-magazin.de,
www.running-magazin.de

Spiridon
Postfach 104527, 40036 Düsseldorf,
Tel. 0211/726364, Fax: 786823,
spiridon@t-online.de,
www.laufmagazin-spiridon.de
Spiridon enthält die regelmäßige
Beilage „Triathlon-Magazin".

In der Schweiz
FIT for LIFE
Neumattstr. 1, CH-5001 Aarau,
Tel. 062/8366047, www.fitforlife.ch

Radsport

Tour
Steinerstr. 15, 81369 München,
Postfach 701925, 81319 München,
Tel. 089/729603-0, Fax: 729603-33,
Redaktion@tour-magazin.de,
www.tour-magazin.de

Radsport
Deutscher Sportverlag,
Frankenwerft 35, 50667 Köln,
Tel. 0221/2587-331, Fax: 2587-212

Schwimmsport

swim + more
Deutscher Schwimmverband,
Postfach 420140, 34070 Kassel,
Tel. 0561/94083-0, Fax: 94083-15,
info@dsv.de,
www.SchwimmWelt.de/swimmore.htm

Literatur

Geschichte

Jörg Habenicht: Triathlon Sportgeschichte. Bochum 1991
Eine wissenschaftliche Arbeit zur Geschichte und Vorgeschichte der Sportart Triathlon. Sehr informativ.

Gernot Braun: Borderline – An der Grenze. Erzählungen und Berichte aus den Anfängen des Triathlonsports. 1999. GB-Eigenverlag, Georg-Fröba-Str. 21; 64665 Alsbach-Hahnlein.
Braun gehört zu den Pionieren des deutschen Triathlon, und sein stark autobiografisch geprägter Bericht vermittelt neben wichtigen historischen Fakten auch viel von den Motiven der ersten hiesigen Triathleten.

Allgemeine Grundlagen

Kuno Hottenrott / Martin Zülch: Ausdauerprogramme. Erfolgstraining für alle Sportarten. Reinbek 1995
Kuno Hottenrott / Martin Zülch: Ausdauertrainer Triathlon. Reinbek 1998
Der Trainingswissenschaftler Hottenrott – nebenbei Trainer der ungarischen Triathlon-Nationalmannschaft – und der Sporttherapeut Zülch – in seiner Freizeit aktiver Triathlet – haben sehr fundierte und leicht anwendbare Trainingspläne für Ausdauersportarten entwickelt. Nach Baukas-

tenprinzip lässt sich so relativ leicht ein den inviduellen Bedürfnissen entsprechendes Training organisieren.

Georg Neumann / Arnd Pfützner / Anneliese Berbalk: Optimiertes Ausdauertraining. Aachen 2. Auflage 1999
Fundiert und verständlich gleichermaßen präsentiert sich diese Gesamtdarstellung der Trainingslehre für Ausdauersportarten. Wer konkrete Trainingstipps sucht, sucht vergeblich. Wer aber den gesamten Prozess der körperlichen Anpassungen, die sich im Training vollziehen und die durch Training steuerbar sind, verstehen möchte, ist richtig.

Sally Edwards: Leitfaden zur Trainingskontrolle. Aachen 1994.
Das Standardwerk für die jeden Ausdauersportler beschäftigende Frage, wie man am besten mit dem Herzfrequenzmesser trainiert.

Trainingsbücher und Ratgeber

Ole Petersen: Ironman. Das 8-Stunden-Triathlon-Programm. Vom Anfang zum Finish. Reinbek 1998
Ein wenig im Stil eines Motivationsseminars ist das Buch abgefasst, das daneben aber den Vorteil hat, detaillierte Hinweise zu geben, wie man mit maximal 8 Stunden Training pro Woche zum Finisher werden kann. Die Technikhinweise beim Radfahren und vor allem beim Schwimmen sind mit Vorsicht zu genießen.

Hermann Aschwer: Tips für Triathlon. Aachen, 2. Auflage 2000
Hermann Aschwer: Triathlontraining. Vom Jedermann zum Ironman. Aachen, 4. Auflage, 2000
Hermann Aschwer: Handbuch für Triathlon. Aachen, 5. Auflage, 2001
Hermann Aschwer, seit Anfang der achtziger Jahre aktiver Triathlet, gibt in zahllosen Publikationen seine Erfahrungen weiter. Oft sehr Ich-bezogene Darstellung – auf kaum einem Foto fehlt „Euer Hermann" –, die den Vorteil hat, praxisnah zu sein. Minuspunkt sind die Anhänge, die über Hinweise auf Angebote des Meyer+Meyer-Verlages selten hinausgehen.

Klaus Klaeren: Der Triathlon-Ratgeber. Oberhaching 1988
Auch wenn Klaerens Werk in vielen Punkten – vor allem Radtechnik und Trainingslehre – schon veraltet ist, so enthält es dennoch – und das ist bei dem Erscheinungsjahr bemerkenswert – noch viele brauchbare Hinweise.

Manuel Debus: Triathlon. Mehr als eine Herausforderung. Ernährung, Training, Wettkampf. München 1990
Debus ist, so steht es im Vorwort, der „Vater des Triathlon in Deutschland". Sein Buch kann aber in Konkurrenz zu anderen mittlerweile auf dem Markt befindlichen Werken nicht mithalten.

Wolfgang Ehrler: Triathlon. Das komplette Know-How für Spitzenleistungen. Mit neuem Trainingskonzept. Berlin 1993

Ehrlers Werk entspricht eher dem Willen eines Verlages, auch diesen Sport in seinem Programm abzudecken, als dass es ein wirklich brauchbares Einführungswerk wäre – geschweige denn „das komplette Know-How".

Georg Rombach: Fitness-Triathlon. Ein autobiographischer Leitfaden für Einsteiger und Fortgeschrittene. Ilvesheim 1996
So individuell und individualistisch die Sportart Triathlon ist, so ist sie doch scheinbar auch dafür geschaffen, allerlei Selbstdarsteller mit Missionierungsdrang auf den Plan zu rufen. Das vorliegende Buch ist ein besonders krasser Versuch, jedem ans Herz zu legen, es genauso zu machen wie der Autor, damit man genauso glücklich wird wie der Autor.

Gerhard Wachter: Faszination Triathlon. Von der psychischen und physischen Vorbereitung bis zum Wettkampf (mit Beiträgen von Prof. Dr. Hans Eberspächer und Detlef Kühnel). Bielefeld 1987
Ein leider nicht mehr aktuelles, gleichwohl aufgrund seiner Materialfülle immer noch informatives und angenehm seriös formuliertes Überblickswerk, das auch Aspekte der sportpsychologischen Vorbereitung auf höherem Niveau als Finisher-is-Winner behandelt.

Bücher zu einzelnen Sportarten

Schwimmen

Klaus Reischle: Biomechanik des Schwimmens. Bockenem 1988
Ein Buch für alle, die sich ernsthaft – egal ob alleine oder mit Trainer – um die Verbesserung ihrer Kraultechnik bemühen. Sorgfältig, wenngleich nicht immer leicht lesbar – werden die biomechanischen Grundlagen, die korrekte Bewegungsausführung, typische Fehler und ihre Behebung durch gezielte Übungen vorgestellt.

Kurt Wilke/Orjan Madsen: Das Training des jugendlichen Schwimmers. Schorndorf 1997
Eine der ausführlichsten Darstellungen des Schwimmtrainings im deutschsprachigen Raum. Gerade die Kapitel über Grundlagenausdauer und über Technikübungen sind zu empfehlen.

Kurt Wilke (Hg.): Schwimmsportpraxis. Reinbek 1988
Allgemeine Einführung nicht nur ins Schwimmen, sondern auch Wasserball, Wasserspringen, Kunstschwimmen etc. Da bleiben für Triathleten wichtige Aspekte leider auf der Strecke.

Werner Freitag: Schwimmen. Reinbek 1996
Nicht mehr aktuelle Überblicksdarstellung des Wettkampfschwimmens. Gerade im für Triathleten interessanten Bereich der Kraultechnik und der Trainingsgestaltung finden sich mittlerweile wesentlich bessere Werke auf dem Markt.

Radsport

Achim Schmidt: Handbuch für Radsport. Aachen, 3. Auflage 1998
Schmidt hat ein sehr praxisbezogenes Handbuch vorgelegt, dass auch für Triathleten – vor allem im Bereich der Fahrtechnik – viel Wissenswertes bietet.

Henk Zorn: Radsport. Reinbek 1990
Leider nicht mehr aktuell – gerade im Bereich der Radtechnikentwicklung hat sich in den letzen Jahren sehr viel verändert – gibt dieses Buch dem, der am Radsport als Einzeldisziplin Interesse gefunden hat, viele gute Hinweise. Aus der Sicht des Triathleten jedoch entbehrlich.

Laufen

Claus Dahms: Laufen. Geschichte, Kultur, Praxis. Göttingen 2001
Das Werk von Dahms, erschienen in der gleichen Reihe wie das vorliegende Buch, behandelt historische und soziologische Aspekte des Laufens gleichermaßen wie praktische Aspekte. Dahms, selbst aktiver Läufer, gibt fundierte Tipps für Training, Ernährung und Wettkampf und vergleicht moderne Trainingserkenntnisse mit den Erfahrungen alter Lauf-Asse wie Nurmi, Zatopek u.a.

James F. Fixx: Das komplette Buch vom Laufen. Frankfurt/M. 1983
Eine ausführliche und mittlerweile klassische Darstellung des Laufens, die auch für Triathleten lohnt.

Jack Heggie: Besser Laufen. Das 30-Tage-Programm. Reinbek 1992
Der Amerikaner Heggie entwickelt eine Laufmethode in Anlehnung an die so genannte Feldenkrais-Bewegungslehre, wobei er besonderen Wert auf das Zusammenspiel der verschiedenen Körperorgane legt.

Thomas Steffens, Martin Grüning: Das Laufbuch. Reinbek 1999.
Auch wenn vielleicht zu häufige Hinweise auf den Arbeitgeber der beiden Autoren – die Laufzeitschrift „Runner's World" – stören: Die vielen praktischen Hinweise zum Training und zur Ausrüstung machen das Taschenbuch wertvoll.

Manfred Steffny, Marathontraining. 14. Auflage, Mainz 1999.
Der Autor ist Herausgeber des Magazins „Spiridon" und schon seit Jahrzehnten einer der kompetentesten Laufjournalisten und -schriftsteller. Er bietet hier allgemeine Grundlagen und konkrete Trainingstipps. Damit ist das, was viele Läufer als ihre „Bibel" ansehen, auch für Triathleten sehr wertvoll.

Zu den Autoren

Frank Ketterer, Jahrgang 1966, ist Sportredakteur der tageszeitung (taz). Seit etlichen Jahren beschäftigt er sich mit Triathlon und hat mehrfach vom Ironman Hawaii berichtet.

Martin Krauß, Jahrgang 1964, ist freier Sportjournalist in Berlin und Mitherausgeber der Reihe „abenteuer:Sport" im Verlag Die Werkstatt. Buchveröffentlichungen: Doping (Hamburg 2000); Kampftage. Die Geschichte des deutschen Berufsboxens (Göttingen 2000, zusammen mit Knud Kohr).

Claus Dahms
Laufen – Geschichte, Kultur, Praxis
208 Seiten, Hardcover. Mit zahlreichen Abbildungen.
ISBN 3-89533-313-1, € 16,90 / DM 33,–

Eine Kulturgeschichte des Laufens von den Anfängen der
„Botenläufer" im Mittelalter bis zu den Stadtmarathons von
heute. Zugleich ein Ratgeber, der über historische und
aktuelle Vorbilder berichtet sowie Tipps für Training,
Laufpraxis und Ernährung gibt.

VERLAG DIE WERKSTATT
www.werkstatt-verlag.de